초보 프리랜서 번역가 일기

초보 프리랜서 번역가 일기

베테랑 산업 번역가에게 1:1 맞춤 코칭 받기

김민주 박현아 지음

세나북스

작가의 말 김민주

2년 전, 익숙하던 회사원 생활을 그만두고 프리랜서 번역가가 되었습니다. 당시 부업이던 번역을 본업으로 바꾸는 과정에서 업계 선배인 박현아 번역가님의 도움을 많이 받았고 그 인연은 이번 책을 함께 집필하는 일로 이어졌습니다.

이 책은 가상의 인물 미영과 하린을 통해 저를 비롯한 수많은 동료 번역가가 실제로 겪었던 시행착오와 고민을 다양한 에피소드로 풀어내고 있습니다. 이 책을 쓰며 번역 업계에 막 발을 들였을 때를 자주 떠올렸습니다. 지금 생각하면 바보 같은 실수도, 답답한 고민도 참 많이 했습니다. 지금 알고 있는 것을 그때도 알았으면 참 좋았을 텐데 하는 생각이 들었습니다. 이 책이 번역에 관심 있는 모든 분께 도움이 되면 좋겠습니다.

현업에 종사하는 동료 번역가님들도 부족한 글이지만 예쁘게 봐주시면 감사하겠습니다. 마지막으로 2019년 여름 서촌에서 함께 치킨을 먹으며 이 책을 기획하고 집필을 제안해 주셨던 세나북스 최수진 대표님, 그리고 함께 책을 집필한 스승이자 동료 번역가인 박현아 님께 감사 인사를 드립니다.

김민주

작가의 말 박현아

독자님들의 많은 사랑을 받은 『프리랜서 번역가 수업』이 출간된 지도 벌써 3년이 지났습니다. 진심으로 감사드립니다.

책을 낸 덕분에 제게 번역에 대해 적극적으로 질문하시는 분들이 많이 계셨습니다. 메일로 많은 상담에 응했으며 작게나마 도움도 드렸고, 그 과정에서 저도 공부가 되었습니다. 이렇게 만난 분들과 계속 좋은 인연을 이어가고 있습니다.

이 책은 모두 가상의 내용입니다. 김미영 씨도 가상의 주인공이지요. 인물과 스토리는 가상이지만 제가 실제로 많이 받은 번역 관련 질문들을 정리한 내용입니다.

같이 책을 집필하느라 고생한 김민주 작가님께 고맙다는 말을 전하며, 프리랜서 번역가를 지망하는 많은 분께 꼭 도움이 되는 책이 되길 바랍니다.

박현아

차 례

~~~~~~

1장 **퇴사했습니다**

~~~~~~

2장 자, 시작해 볼까?

3장 번역을 하긴 하는데

4장 이대로 끝인 걸까?

등장인물 소개

～～～～～～～～～～～

김미영

고등학교 시절 일본 애니메이션과 미드(미국 드라마)에 빠져 사느라 높지 않은 수능 성적으로 지방대 경영학과에 진학했다. 대학 시절 일본 워킹홀리데이 1년을 다녀와서 일본어 회화가 가능하고 고득점은 아니지만 JLPT N1에도 합격했다. 영어는 2주일간 미국 여행을 다녀온 게 전부지만 미드 덕후답게 토익 점수는 850점 정도다. 일본에서는 한국 화장품 가게에서 아르바이트한 경험이 있다. 대학 졸업 후 직원 30명 정도의 작은 화장품 회사에 입사해서 마케팅팀에서 일했다. 회사에서 맡은 주요 업무는 화장품 광고와 홍보 전단지 검수, 회사 계정 SNS 관리였다. 3년차 주임으로 일하던 중 회사에서 만든 제품에서 벌레가 나오는 사건이 계기가 되어 회사 사정이 나빠지기 시작했다. 점점 흔들거리는 회사에서 가능한 한 버티려고 했으나 권고사직을 받게 되었다. 그 후 결국 회사도 폐업했다. 퇴직금과 실업급여로 1년 정도 버틸 수 있는 상황에 놓였다.

～～～～～～～～～～～

박하린

5년 차 프리랜서 번역가.

부모님과 살면서 식사 걱정, 잠자리 걱정 없이 반백수처럼 지내며 프리랜서 번역가가 되기 위해 노력하다가 3년 차쯤에 자리를 잡았다. 열심히 번역 일을 하고 있으며 프리랜서의 삶을 좋아하지만 정작 본인은 번역을 잘하지 못한다고 생각한다. 자신의 특기는 '영업'이지 '번역'은 아니라고 생각하는 번역가다.

경험담과 시행착오를 녹여낸 책 『프리랜서 번역가 교실』을 출간, 뜻밖에도 좋은 반응을 얻어 최근에는 강연을 다니며 번역 일을 병행하고 있다. 추진력이 강하고 낙천적이지만 덤벙거리는 스타일이다.

시작하며

갑작스러운 권고사직으로 일자리를 잃게 된 미영은 앞으로 무슨 일을 할지 고민하다 번역가라는 직업에 관심을 가지게 된다.

우연히 알게 된 5년 차 프리랜서 번역가 하린에게 메일로 번역가가 되기 위한 개인 지도를 받게 된 미영.

그녀는 과연 퇴직금과 실업급여가 동나기 전에 안정적인 수입을 올리는 번역가가 될 수 있을까?

1장 퇴사했습니다

미영 이야기

'지원이 완료되었습니다.'

컴퓨터 스크린에 뜬 메시지를 보며 기지개를 켰다. 하루 내내 자기소개서를 쓰고 고쳤다. 창의력을 있는 대로 쥐어짰더니 머리가 지끈거리고 어깨는 뻐근했다. 직장에서 잘린 지 벌써 두 달. 이력서를 넣은 곳은 많았지만 연락이 온 곳은 몇 군데 없었다.

그나마 연락 온 곳도 면접에서 번번이 퇴짜를 맞기 일쑤였다. 경력이 있어 재취업이 그리 어렵진 않을 거라 위로해 주는 친구들의 말과는 달리, 다시 뛰어든 취업 시장은 냉혹하기 그지없었다.

화장품 회사에서 3년간 잘 다녔다. 그런데 회사 제품에서 벌레가 나오는 사건이 발생했다. 초기 대응을 잘했으면 쉽게 넘어갔을 일이었다. 고객에게 잘못을 떠넘기려던 회사의 불친절한 대응이 SNS에 퍼지면서 매출이 반 토막 나버렸다. 주로 SNS 마케팅으로 물건을 팔던 회사라 타격이 엄청났고 관련자가 뭉텅이로 중징계를 받았다. SNS 관리 담당자였던 나도 관련자로 엮여 권고사직 처리되었다. 억울했지만 어쩔 수 없었다. 그나마 3년간 쌓인 퇴직금과 위로금, 그리고 실업급여가 위안이 되어 주었다.

띠링.

녹초가 된 채로 침대에 누워 멍하니 천장을 바라보는데 핸드폰이 짧게 울렸다. 핸드폰을 켜자 친구에게서 온 메시지가 보였다.

「이거 읽어봐」

친구는 짧은 메시지와 함께 웹사이트 링크를 하나 보냈다. 뭐지 이게. '당신도 번역가가 될 수 있습니다?'

「이게 뭐야?」

'번역가가 되는 방법? 인터넷 검색하다가 블로그에서 이 내용을 발견했는데 네 생각나더라. 너 외국어 잘하잖아.'

퇴사 직후 이 친구와 술 마시면서 어떻게 먹고살아야 할지 모르겠다고 울고불고했는데 친구는 그게 마음에 걸렸던지 종종 구인 정보나 직업 정보 같은 걸 보내주곤 했다. 마음은 고맙지만…

「 웬 번역가 ㅋㅋ 번역가는 아무나 하냐. 」

「 너 옛날에 하고 싶어 했잖아. 한번 읽어봐. 」

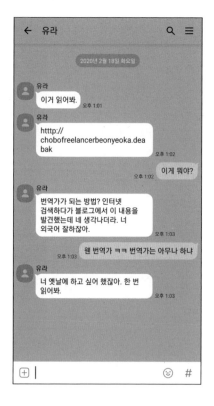

그러고 보니 한때 번역가를 동경했다. 햇살 내리쬐는 창가에 홀로 앉아 차분하게 책을 번역하는 모습. 내가 좋아하는 무라카미 하루키의 소설 속에 종종 등장하는 주인공의 모습이었다. 나도 그렇게 일할 수 있을까? 하고 학창 시절, 외국어를 공부하며 종종 생각하곤 했다.

하지만 외국어를 그리 심도 있게 공부하지 않았던 나에겐 현실성 없는 꿈이라 결국 접었었지. 오랜만에 그때의 기분을 느끼며 친구가 보내준 링크를 열었다.

'당신도 번역가가 될 수 있습니다'

제목을 보자 '야 너도 할 수 있어'라는 모 영어 교육 광고 문구가 떠올랐다. 친구가 준 링크는 5년 차 프리랜서 번역가인 하린 씨가 개인 블로그에 올린 글이었다. 최근에 번역가가 되는 방법에 관한 책도 출간했다는데… 뭐, 책도 낸 사람이라니 믿을만하겠지.

한번 내용이나 보자. 화면 스크롤을 내려 글을 읽었다.

"나도 할 수 있겠는데?"

글을 다 읽자 이 말이 저절로 튀어나왔다. 번역가가 책이나 영화, 드라마만 번역하는 줄 알았다. 하지만 그녀의 글을 읽고 관광, 패션, 뷰티 등 다양한 영역에서 번역가가 활동하고 있다는 사실을 새롭게 알게 되었다. 또, 진입하기가 그렇게 어렵고 복잡하지만은 않다는 정보도 얻을 수 있었다. 그러니까 블로그에 나온 번역가에 관한 내용을 간단히 정리하자면,

1. 이력서를 쓰고
2. 번역회사에 지원해서
3. 샘플 테스트를 보고
4. 합격한 뒤
5. 번역을 해서 돈을 받으면 된다

는 것이었다. 일반 회사 지원과 다를 바 없는 과정이다. 갑자기 번역가라는 직업이 현실성 있게 다가왔다.

어차피 취업도 안 되는 상황이었다. 이것도 저것도 모두 어려운 길이라면 예전에 동경했던 번역가의 길을 한번 가볼까?

'그래, 이때가 아니면 언제 도전해 보겠어!'

갑자기 생긴 새로운 목표에 정신이 맑아짐을 느꼈다. 마침 글의 끝부분에 번역가가 되고 싶은 사람에게 상담을 해주니 관심 있으면 문의 메일을 달라는 말이 적혀있었다.

나는 침대에서 일어나 느슨해진 머리를 질끈 묶고 컴퓨터 앞에 다시 앉았다.

'번역가'가 뭐길래?

문의 메일을 쓰려고 컴퓨터 앞에 앉았는데 도통 뭘 물어봐야 하는지 감이 잡히지 않았다. 일단 상담 방법에 관해 물어보고 그다음엔…

그러고 보니 번역가라는 직업 자체에 대해서 아는 게 많이 없었다. '번역'하면 책밖에 떠오르지 않는 빈약한 상상력을 가지고 있어서 질문할 거리가 많이 없었다.

인터넷에 '번역가'를 검색해 봤다. 소설 번역과 영화 번역에 관한 이야기만 잔뜩 나온다. 하린 님의 글에 있던 다양한 산업 분야의 번역에 관한 이야기는 없었다. 일단 이것부터 물어보자.

✉ **하린 님 안녕하세요? 번역가 관련해서 문의드려요.**

하린님, 안녕하세요? 저는 김미영이라고 합니다.

최근에 회사를 그만두고 직장을 알아보다가 우연히 하린 님이 쓰신 '당신도 번역가가 될 수 있습니다'라는 글을 봤어요.

예전에 번역가를 꿈꿨다가 포기한 적이 있는데 하린 님의 글을 읽고 저도 희망을 품게 됐어요.

그래서 좀 더 자세한 정보를 알고 싶어 이렇게 메일 드려요.

글에서 번역가가 되고 싶은 사람에게 상담을 해준다고 하셨는데, 상담은 어떻게 이뤄지나요?

혹시 조건 같은 것도 있나요?

또 궁금한 게 있는데요, 번역가에 대해서 제가 아는 정보는 책이나 영화를 번역한다는 것 정도예요.

그런데 하린 님의 글에서는 관광이나 패션같이 다양한 분야에서도 번역가가 활동한다고 하셨잖아요.

이런 분야에서는 주로 어떤 번역을 하는지, 수요나 전망이 어떤지 혹시 알려 주실 수 있나요?

인터넷을 찾아봐도 책 번역에 관한 이야기만 나와서 답답해서 질문드려요. 귀찮게 해서 죄송해요!

그럼 답장 기다릴게요.

띠링, 몇 시간 뒤에 메일이 도착했다. 하린이었다.

✉ **안녕하세요, 미영 님. 메일 주셔서 감사합니다.**

제 글이 미영 님께 희망을 드렸다니 기쁘네요.

일단 번역가에 대해 말씀을 드려야 할 거 같아요. 미영 님의 말씀대로 일반적으로 사람들에게 알려진 번역가는 책이나 영화를 번역하는 번역가들이지요.

저 또한 책을 번역하기도 하고 예전에는 애니메이션 자막을 번역하기도 했지만, 지금은 주로 관광이나 패션, IT, 기계 매뉴얼 같은 분야를 전문으로 번역해요.

제가 번역하는 이러한 장르들을 보통 '산업 번역'이라고 부른답니다.

산업 번역이라고 하면 어쩐지 전문적이고 문턱이 높을 거 같은 느낌이 들지만, 산업 번역은 의외로 우리 주변에서 아주 쉽게 찾아볼 수 있어요.

혹시, 프링글스를 드셔본 적이 있으신가요? 프링글스의 뒷면에 있는 상품 안내문을 읽어본 적이 있으신가요?

분명 외국에서 들어온 과자인데, 한국어 안내문이 적혀있습니다.

현대 사회는 국가 간의 수입과 수출이 아주 빈번히 이루어집니다. 우리도 외국에서 온 제품들을 주변에서 아주 손쉽게 접할 수 있습니다.

편의점에서 파는 외국 과자나 음료수부터 시작해, 일본산 볼펜이나 이탈리아산 화장품 등도 이에 해당하지요.

그리고 이러한 제품을 수입하고 수출하는 과정에서 산업 번역의 수요가 발생합니다.

볼펜의 비닐 포장지나 이탈리아산 화장품 상자 뒷면의 안내문, 취급 설명서, 마케팅 문구까지 다양한 글들의 번역 수요가 발생하게 되지요.

이러한 제품뿐만 아니라 우리가 외국 여행을 하면 만나게 되는 관광지의 한국어 안내문, 한국인 관광객에게 인기 있는 외국 현지 유명 음식점의 한국어 메뉴도 산업 번역의 일부라고 할 수 있습니다.

우리가 핸드폰이나 컴퓨터로 즐기는 게임 중에도 외국 회사에서 제작한 게임이 많지요. 외국 게임을 우리나라 사람들이 즐길 수 있도록 한국어로 번역하는 일도 산업 번역입니다. 이렇게 생각하니 정말 무궁무진하죠?

외국산 제품의 설명서를 누가 번역했는지 깊게 생각해본 사람은 아마도 적을 거예요.

물론, 반드시 프리랜서 번역가에게 이러한 일을 맡기는 건 아닙니다. 회사 내부의 번역가가 담당하기도 하고, 번역가가 아니더라도 외국어를 잘하는 일반 회사원이 번역하는 때도 있습니다.

누구에게 번역을 맡기느냐는 클라이언트나 회사의 사정에 따라 달라질 수 있지요. 프리랜서 산업 번역가도 이러한 번역을 담당합니다.

산업 번역의 수요가 얼마나 많은지 짐작하실 수 있겠죠?

물론, 분야나 언어에 따라 일의 수요는 다릅니다.

하지만 어떤 언어든 일을 받기 위한 공격적이고 적극적인 영업 없이는 프리랜서 번역가로 살아남기 힘들 수 있습니다.

게다가 초반에는 특별한 운이 없다면 미영 님이 생각하는 것보다 일이 적을 거예요. 이 점을 꼭 명심하세요.

전망에 관해 물으셨는데, 아마도 구글 번역기 같은 자동 번역과 기계화가 신경 쓰이시겠죠?

저도 이 분야의 전문가가 아니기에 명확한 답을 드릴 수는 없습니다. 하지만 이런 첨단 기술의 성장과 함께 번역가의 역할도 변화하지 않을까 하는 생각이 듭니다.

실제로 구글 번역 등을 활용해 번역한 뒤, 감수를 의뢰하는 작업도 종종 들어오고 있어요. 이러한 추세를 거스를 수는 없을 것입니다.

하지만 이러한 흐름 속에서 번역가가 아무런 역할도 못 하고 그저 사라지기만 할 거라고는 생각하지 않아요. 번역가도 함께 진화하며 자동 번역이나 기계 번역을 통한 새로운 일이 탄생할 수도 있지 않을까요?

제 나름대로 답변을 드렸는데 어떠세요?

아 참, 상담 방법에 대해 문의하셨죠? 상담은 이메일로 이루어집니다. 말씀하신 것처럼 조건도 있습니다.

성공적으로 번역가가 되었을 경우, 미영 님도 나중에 누군가를 반드시 도와주셔야 한다는 것이 조건입니다.

저도 누군가에게 도움을 받았기에 다른 분들을 도와드리고 있거든요.

그리고 만약 실패할 경우에는 혹여나 저를 원망하시지 않으면 좋겠습니다. 사실 실패할 가능성이 없다고도 할 수 없습니다. 초기 투자 비용도 조금 필요할 수 있고요.

그러니 최대한 신중히 생각해보고 결정하시길 바랍니다.

저는 아무것도 보증해드릴 수 없으니까요.

그저 번역일에 대한 조언과 일감을 얻는 방법에 대한 정보를 알려드리면서 번역일이 들어올 확률을 최대한 높여드릴 뿐이에요. 직접 번역일을 알선해 드리진 않습니다.

저는 직접 영업을 해서 미영 님께 번역일을 가져다드리는 번역회사가 아니니까요.

저와 함께 열심히 이력서를 작성하고 번역 공부를 해서 확률을 최대한 높였는데도 일이 안 들어올 수 있습니다. 실제로 그런 예도 있었습니다.

하지만 이것은 제가 어찌할 수 없는 부분임을 꼭 알아주셨으면 합니다.

물론 번역가로 영업을 시작한 지 3개월 만에 큰 프로젝트에 참가해서 정신없이 일하시는 프리랜서 번역가도 있어요.

아무래도 사람에 따라 타이밍과 번역 실력, 일하는 태도 등이 다르다 보니 이러한 차이점이 발생하는 것 같습니다.

이점 꼭 유의해주시길 바랄게요.

또 궁금한 사항이 있으시면 언제든 메일 주세요.

제 글을 읽어주셔서 감사드리며, 번역에 대해 조금 더 재미와 흥미를 느끼게 된 계기가 되었길 바랍니다.

감사합니다.

도착한 하린 님의 답장을 꼼꼼히 읽었다. 번역이 필요한 분야가 굉장히 다양하구나. 그러고 보니 내 책상 위에 있는 비타민도 해외 제품이다. 비타민 병을 들고 살펴보니 약의 성분과 복용법 등이 한글로 쓰여 있다.

방안을 둘러보니 내 방에도 화장품, 카메라, 과자 등 외국에서 수입해 온 물건들이 꽤 많았다. 내 생활과 가까운 곳에도 번역의 산물이 많다는 걸 알게 되니 번역가라는 직업이 한층 더 가깝게 느껴졌다.

'나중에 성공하면 누군가를 돕는 것'이라… 이건 어떻게 확인할 방법도 없고 순전히 내 양심에 맡기는 건데, 일면식도 없는 타인인 나를 온전히 믿고 도와주려 하는 마음이 고맙고도 무겁게 느껴졌다. 그래서인지 더 신중하게 결정해야겠다는 생각이 들었다.

게다가 그녀가 말한 '실패할 가능성'은 애초에 생각도 안

해본 것이었다. 만약 돈과 시간만 잔뜩 낭비하고 결국 자리를 못 잡게 되면⋯ 어휴, 상상하기도 싫다. 하지만 번역가라는 직업은 너무 달콤해 보이는데⋯ 일단 좀 고민해 보자!

외국어는 얼마나
잘해야 할까?

행복한 상상을 했다. 햇살 따사로운 카페의 창가에 앉아 향기로운 커피를 마시며 번역을 하는 나의 모습을. 그러다 내가 아주 중요한 걸 간과하고 있다는 사실을 깨달았다. 아무리 번역가가 되겠다고 주먹 불끈 쥐고 결심해도 외국어 실력이 안 따라주면 그림의 떡이라는 현실!

사실 외국어 실력에는 나름대로 자신이 있다. 어디 가서 영어와 일본어를 할 줄 안다고 당당하게 말할 정도는 된다. 번역기를 돌리지 않고 외국 웹사이트를 이용할 수 있었고 외국인들과 무리 없이 메일을 주고받았으며, 유튜브 영상이나 드라마를 볼 때 자막이 없어도 웬만한 내용은 이해했다.

그런데 과연 이 정도로 충분할까?

번역가가 되려면 그 언어를 완전히 마스터해야 하지 않을까? 원어민 수준은 되어야 하지 않을까? 자신 있다는 것도 그냥 일반인 수준에서 자신 있다는 말이다. 전문적인 지식은 거의 없는 데다 조금만 어려운 단어가 나오면 핸드폰을 켜 단어를 검색하기 일쑤였다.

이 정도 수준으로 번역가를 하겠다고 말하면 비웃음만 사지 않을까? 라는 생각에 조금 불안해졌다. 이건 역시 하린 님께 상담해봐야겠다. 상담해 보고 도저히 오르지 못할 나무라면 일찌감치 포기해야겠지.

✉ **외국어를 얼마나 잘해야 할까요?**

하린 님 안녕하세요?

얼마 전에 메일 드렸던 김미영이에요. 지난번에는 번역가에 대해 자세히 알려 주셔서 감사해요. 덕분에 번역가라는 직업이 더 가깝게 느껴졌어요.

그래서 지금은 진지하게 그 길에 도전해 보려고 생각 중인데요, 실은 고민이 하나 생겼어요.

부끄럽지만 저는 지금까지 외국어를 나름 잘한다고 생각했어요. 외국어로 업무 이메일을 주고받을 때도, 해외 웹사이트에서 물건을 살 때도 힘들지 않았거든요.

영어는 토익 850점에 일본어는 JLPT N1을 취득했는데, 전에 다닌 회사에 입사할 때도 언어로 가산점을 조금 받기도 했어요.

하지만 생각해보면 이런 건 일상적인 수준이잖아요. 번역가가 되려고 생각하니 이 정도로는 어림도 없을 것 같아요.

대체 외국어를 얼마나 잘해야 번역가가 될 수 있을까요?

원어민 수준 정도는 되어야 할 수 있는 걸까요?

바쁘실 텐데 죄송해요.

시간 나실 때 천천히 답변 부탁드려요!

✉ **안녕하세요, 미영 님! 하린입니다.**

번역가가 될 수 있는 외국어 실력에 대해 궁금하신가 봐요.

아무래도 번역가는 외국어를 한국어로 옮기는 일이다 보니, 외국어의 귀재들이 하는 일이라고 생각하시는 분들이 많은 듯해요.

물론 번역가는 외국어 실력이 출중해야 합니다. 그래야 원문을 읽고 의미를 파악한 뒤에 우리말로 옮길 수 있으니까요.

원문을 읽다가 어떤 뜻인지 모르면 번역을 할 수 없습니다.

그렇다고 해서 "외국에서 몇십 년간 살다 온 분들만 번역을 할 수 있는 거 아니에요?"라고 묻는다면 꼭 그렇지는 않다고 말하고 싶어요. 외국어 회화를 잘하는 것과 외국어를 술술 읽는 일은 별개의 문제니까요.

저만해도 해외 체류 경험이 길지 않고, 해외 원서를 읽을 때 모르는 한자가 나오면 사전에서 찾아보기도 한답니다.

사실 개인마다 외국어의 능력치가 다르니, '이 정도면 번역을 해도 된다'라고 딱 집어서 말씀드리기가 어려워요.

하지만 번역가로서의 기초적인 외국어 레벨을 굳이 말씀드리자면 일본어의 경우 최소한 JLPT N1급 이상의 실력은 되어야 한다고 생각합니다.

그 이유는 경험상 저와 제 주변 일본어 번역가 중에는 N1 이하의 실력인 사람은 없기 때문입니다.

실제로 의뢰받는 번역물도 최소한 JLPT N1 이상이어야만 수월하게 커버할 수 있는 수준이라고 생각합니다.

미영 님은 외국어로 업무 이메일을 주고받으실 수 있고, 해외 웹사이트에서 물건을 살 때도 힘들지 않다고 하셨어요.

저는 미영 님 정도의 외국어 실력이면 충분히 번역가가 될 수 있다고 생각합니다.

물론 전문적인 단어가 나오는 번역에서는 어려움을 겪을 수 있겠지만, 일반적인 상품 번역에서는 미영 님 정도라면 외국어 실력이 큰 걸림돌이 될 거라고 생각되지 않습니다.

사실 제일 중요한 건 외국어의 의미를 파악하여 읽는 것에서 더 나아가 '원문이 전하려는 의도를 정확하게 파악'해야 하는 부분이 아닐까 싶어요. 그래야 번역문에도 그 의도를 담을 수 있을 테니까요. 외국어의 의미 파악만으로도 힘든데 의도까지 파악하라니, 참 어렵죠?

그리고 외국어를 한국어로 변환하거나 한국어를 외국어로 변환할 수 있는 능력도 필요합니다.

사실 이 능력이 제일 중요하죠. 외국어를 읽고 '어떤 말인지는 알겠는데 이걸 한국어로 뭐라고 표현하지?'라고 고민하는 경우가 종종 생길 거예요.

물론 이런 능력은 번역을 해나가면서 점점 숙달되어가긴 하지만, 처음부터 조금씩 훈련하며 센스를 익혀둘 필요는 있습니다. 그래야 샘플 테스트를 통과할 테니까요.

아마 번역가로 진로를 정해도 좋을지 고민이 많이 될 거예요. 여러 가지 궁금한 점도 많으시겠죠.

고민하다가 궁금한 점이 있다면 언제든지 가벼운 마음으로 문의해 주세요!

어쩐지 미영 님을 오래전부터 알았던 것처럼, 미영 님의 메일이 반갑네요.

그럼, 좋은 하루 되시길 바래요!

"어? 그럼 나 커트라인은 넘겼네?"

토익 850점과 JLPT N1 정도로는 번역가가 어림도 없을 줄 알았는데 희망이 생겼다. 물론 수준 높은 좋은 번역을 하기 위해 더 많이 공부해야 함은 분명하지만, 전혀 못 올려다볼 나무가 아니라는 사실에 마음이 편해졌다. 하린 님의 말대로 원문의 의도를 파악하는 것에 집중하며 번역 연습을 해야겠다.

전혀 모르는 사람이 몇 번이나 질문하는 것이 귀찮을 법한데도 친절하게 답해주는 하린 님에게 고마운 마음이 들었다.

그녀의 말대로 새로운 분야로 진로를 정하려니 고민이 많

았는데 왠지 든든한 아군이 생긴 것 같다. 좋아, 한번 본격적으
로 번역가에 대해 알아보자!

이미 고스펙인 사람들이
도전하고 있잖아?!

현직 번역가와 번역가 지망생들이 모여 있다는 인터넷 커뮤니티에 가입했다. 사람들과 교류하면서 다양한 정보와 긍정적인 에너지를 얻을 수 있으리란 생각 때문이었다. 하지만 내가 얻은 건 당혹감뿐이었다.

"다들 뭐 이리 스펙이 높아?!"

커뮤니티에 마련된 번역 구직 코너에 들어가 사람들의 프로필을 구경하는 내내 입이 다물어지지 않았다. 국내 수도권 유명 대학 출신부터 미국 유학파, 석사, 박사까지! 그중에는 관악의 정기를 받은 국내 최고 대학 출신도 있었고 몇 개 안 된다는 수도권 통·번역 대학원을 나온 사람도 다수 있었다.

외국에 오래 살아서 원어민 수준의 외국어를 구사한다는 사람은 왜 이리 많은 건지… 그렇게 화려한 스펙들을 훑어보고 있자니 갑자기 나 자신이 초라하게 느껴졌다.

나는 유명하지도 않은 지방대를 나온 데다가 가진 건 겨우 외국어 자격증 두 개밖에 없다. 원어민 수준이 될 만큼 외국에서 오래 산 경험도 없다.

나… 이 사람들과 경쟁하면 살아남을 수는 있을까? 하린 님께 상담받는 사람들도 다 이렇게 스펙이 좋을까?

✉ **평범한 사람도 경쟁력이 있을까요?**

하린 님, 안녕하세요? 김미영이에요.

전에 보내주신 메일을 읽고 자신감이 생겼어요. 정말 감사합니다! 편하게 질문하라고 하셔서 염치없지만 하나 더 여쭈어봅니다.

제가 최근에 한 번역 커뮤니티에 가입했어요. 다른 분들은 어떻게 일을 하고 또 번역가가 되기 위해 어떤 준비를 하는지 궁금했거든요.

그런데 구직 코너에 프로필 올리신 분들 스펙이 너무 좋더라고요.

수도권 상위 대학 출신, 해외파, 석사, 박사에 통·번역 대학원을 나오신 분들도 정말 많았어요.

저는 지방 4년제 대학교 졸업에 가진 자격증과 경력도 변변치 않은데, 이런 분들과 경쟁해서 살아남을 수 있을까요?

하린 님께 상담받는 분들도 대부분 이렇게 쟁쟁한 분들인지 궁금합니다.

그럼 답장 기다릴게요. 감사합니다!

✉ **안녕하세요, 미영 님!**

본격적으로 번역업계에 대해서 파악 중이신가 봐요! 번역 커뮤니티에도 가입하셨다니, 많은 정보 얻으셔서 미영 님의 선택에 도움이 되길 바랍니다.

사실 저도 초보일 때, 미영 님처럼 번역 커뮤니티를 둘러보며 똑같은 걱정을 한 적이 있답니다.

다들 석·박사는 기본이고 해외에서 유학을 오래 하신 분들도 계시지요. 통·번역 대학원을 졸업한 분들도 수두룩하고요. '이런 훌륭한 사람들 사이에서 내가 살아남을 수 있을까?'라는 고민도 당연히 했지요.

번역업계에 처음 진입해서 이력서를 돌릴 때는 학력이나 해외 체류 경험이 매력적인 요소가 될 수 있습니다.

아무런 번역 경험이 없을 때는 외국어 실력이라도 증명해야 하니까요. 하지만 외국어를 잘하는 것과 번역을 잘하는 건 약간 다른 문제입니다.

그래서 번역회사에서는 보통 이력서를 확인한 후, 번역 샘플 테스트를 진행하지요. 샘플 테스트를 보기 전까진 번역 실력을 알 수 없으니까요.

그러니 번역회사에 번역가로 등록되느냐 아니냐는, 결국 '샘플 테스트'와 '번역 경력'에 있다고 생각합니다.

제 경험으로 미루어볼 때, 학력이 높은 사람들에게만 샘플 테스트의 기회가 돌아가는 것도 아니었어요. 밑져야 본전이니 이력서를 넣고 샘플 테스트가 오면 최선을 다해 테스트를 수행하면 되지 않을까요? 샘플 테스트가 오지 않으면 다른 번역회사에 지원하면 되고요.

물론 통·번역 대학원을 나온 분들은 번역 공부를 더 많이 했을 테니 그분들에 비하면 부족한 점이 있을 수 있습니다.

하지만 이 시장에는 통·번역 대학원을 나오신 분들만 계신

것도 아니고, 통·번역 대학원을 나오지 않은 분들도 활동하고 계시니 일단 나름대로 최선을 다해본 뒤, 결과에 따라 움직이는 것이 좋다고 생각합니다. 제 답변이 도움이 되길 바랄게요.

아 참, 다른 이야기지만 저는 요새 루꼴라를 키운답니다. 얼마 전에 씨앗이 발아해서 새싹이 자라났어요.

자라난 새싹을 보며 미영 님을 떠올렸답니다.

과연 제가 보내드리는 답변을 자양분 삼아 미영 님께서 번역가의 새싹을 틔우자고 결심을 하시게 될지, 저도 궁금하네요.

그럼 좋은 하루 되시고 언제든지 다른 문의 사항 있으면 편하게 연락해주세요!

하린 님의 답장을 읽고 걱정으로 답답했던 가슴이 뻥 뚫렸다. 중요한 건 좋은 스펙이 아니라 샘플 테스트구나! 물론 샘플 테스트를 볼 기회를 얻기도 어렵겠지만, 불가능한 일은 아니라 다행이다.

그나저나 하린 님도 나와 똑같은 고민을 했었다니… 프로 번역가에게도 나와 같은 햇병아리 시절이 있었다는 사실이 왠지 모르게 위로가 됐다. 그래, 이런 걱정은 제쳐두고 샘플 테스트에 합격할 궁리부터 해야겠다.

루꼴라가 뭔지 몰라 찾아보니 샐러드로 많이 쓰는 채소의 한 종류였다. 새싹을 보며 날 떠올렸다니 응원을 받은 것 같아 마음이 간질간질했다. 응원이 헛되지 않도록 열심히 노력해야지.

난 인맥도 없고
외국어 전공도 아닌데
번역일이 들어올까?

"에효…"

핸드폰 화면을 아래로 내리며 전화번호부를 훑고는 한숨을 쉬었다. 어떻게 아는 사람 중에 번역과 관련된 일을 하는 사람이 단 한 명도 없을까! 내가 외국어 관련 전공이었다면 그래도 몇 명은 있었을 텐데… 역시 경영학과와 번역은 접점이 없어도 너무나 없다.

대학 시절 동아리 선배 중에 프리랜서 웹디자이너가 있다. 종목은 달라도 프리랜서로 일하는 팁을 얻을 수 있을 것 같아 어제 상담을 했다.

"번역 프리랜서? 너 전공이 외국어였어?"

"아니요."

"그럼 전 직장이 번역이랑 관련 있어?"

"아니요."

"뭐 그쪽에 아는 사람이라도 있는 거야?"

"아니요."

'아니요'를 세 번 연속으로 들은 선배는 어이없다는 표정으로 말했다.

"그러면 뭘 믿고 널 써? 프리랜서는 그렇게 만만한 거 아냐. 일을 그렇게 함부로 줄 것 같아? 사내 번역가도 힘들걸?"

그렇게 선배의 잔소리만 몇 시간을 듣고 돌아왔다. 처음에는 조금 울컥했지만 듣고 보니 선배의 말이 맞았다. 관련 경력도 학위도 심지어 아는 사람도 없는 내가 어떻게 일을 받을 수 있을까? 관련 학위나 인맥이 있어야만 번역가가 될 수 있는 거 아닐까? 혼자서 고민할 게 아니라 하린 님께 상담해봐야겠다.

✉ **외국어 학위도 없고 인맥도 없는데 번역 일이 들어올까요?**

하린 님 안녕하세요? 김미영이에요. 또 여쭤보고 싶은 게 있어 메일 드려요.

실은 제가 어제 프리랜서로 일하는 선배에게 진로상담을 하다가 쓴소리를 들었어요. 관련 학위도 경험도 인맥도 없는데 어떻게 번역가로 일할 거냐면서요….

저는 외국어와 전혀 상관없는 경영학과를 졸업했고 화장품 회사의 마케팅 부서에서 일해서 외국어 관련 경력도 없어요. 번역 업계에 아는 사람도 없고요.

저 같은 사람도 번역 일을 받을 수 있을까요? 이런 상황에서도 성공적으로 번역가가 된 사람이 있나요?

답장 기다리겠습니다. 감사해요!

✉ **안녕하세요, 미영 님!**

"저 같은 사람도 번역 일을 받을 수 있을까요? 이런 상황에서도 성공적으로 번역가가 된 사람이 있나요?"

제가 있습니다, 미영 님.

저는 번역가가 되기 전까지 번역업계에 아는 사람이 없었어요. 학위도 경험도 인맥도 없었지요. 하지만 지금 저는 번역가로 활동 중입니다.

확실히 학위와 경험, 인맥이 있다면 번역가의 길을 시작하기가 훨씬 수월할 겁니다. 하지만 학위와 경험, 인맥이 없으니 번역가가 절대 될 수 없다고는 말할 수는 없습니다.

적어도 산업 번역 분야에서는 인맥이 없다는 사실이 번역가가 되는 데 큰 문제가 되지는 않았습니다.

지난 메일에서 말씀드렸듯이, 번역일은 학력보다는 번역 경험이나 번역 실력 등이 더 중요합니다.

아주 단순한 이치지요.

클라이언트에게 번역 일감을 받는 번역 회사에서는 당연히 테스트를 높은 점수로 통과한 사람에게 일감을 주고 싶어합니다. 그래야 번역회사도 클라이언트에게 양질의 번역물을 제공할 수 있으니까요.

인맥으로 모든 일감을 처리하는 건 번역회사 입장에서도 위험한 일입니다.

제가 판단하기에 미영 님은 저보다 조건이 훨씬 나으십니다. 저는 번역가가 되기 전 경력이 고작 IT 회사에서 메일 서비스 담당으로 1년 일한 게 전부였어요.

하지만 이 경험도 대단히 큰 이력이 되더라고요.

산업 번역에서는 고객을 상대로 한 문구들을 굉장히 많이 번역하니까요. 고객을 대상으로 메일을 쓰던 경험이 큰 도움이 되었습니다.

미영 님은 화장품 회사의 마케팅 부서에서 일하셨지요?

산업 번역을 할 때 마케팅 부서에서 일한 경력은 아주 큰 메리트가 될 수 있습니다. 상품 안내 문구나 마케팅 문구에 남들보다 더 익숙하시겠지요.

산업 번역에서는 상품 안내와 관련된 번역이 매우 많습니다. 고객을 상대로 한 글쓰기를 직접 해보지 않은 사람들에게는 어려운 일입니다.

어떻게 보면 별거 아닌 경험이라고 생각할 수 있지만, 사실 이런 경험 하나하나가 모두 소중합니다.

그러니 너무 걱정하지 않으셨으면 좋겠어요.

미영 님, 자신감을 가지세요.

선배의 경고는 무시무시했지만 하린 님의 격려는 따뜻했다. 인맥과 관련 학력, 경력이 없어도 실력만 있으면 번역가가 될 수 있다는 말에 많은 힘을 얻었다.

지난번에 주고받은 메일에서도 느꼈지만 역시 실력이 가장 중요한 요소인 것 같다. 이젠 다른 말에 흔들거리지 않고 실력을 더 키우는 데만 집중해야지.

그런데 일반 회사에서 일한 경력이 번역에 도움 된다는 사실에 조금 놀랐다. 고객을 대상으로 글 쓰는 일이 나에게는 너무나 당연한 일상적 업무였는데 이런 경험이 다른 일을 하는 데 도움이 될 수 있으리라고는 생각지도 못했다.

그리고 보니 마케팅 관련 번역은 남들 못지않게 잘 할 수 있을 것 같기도 하다. 그래, 하린 님 말처럼 자신감을 갖자!

유학 가야 하는 거
아니야?

　　　　　　　나의 장점을 되새기며 긍정
적인 자세를 유지하려 노력해 봤지만, 여전히 가슴 한구석이
편하지 않았다. 두드러지는 강점이 없는 내가 번역 시장에서
관련 전공자들과 경쟁하려면 어떻게든 나의 핸디캡을 줄여야
할 텐데….

　전공자들과 나의 가장 큰 차이가 뭘까 생각해봤다. 아마 언
어를 깊이 있게 배웠느냐 아니냐일 것이다. 나는 드라마나 영
화, 예능프로 등을 통해 영어와 일본어를 익혔기에 고급 표현
같은 건 잘 몰랐다. 또, 문학적 표현이나 미묘한 뉘앙스에 대
한 지식도 그들보다 한참 뒤처질 것이다.

하지만 그런 걸 배우자고 대학을 다시 나올 수는 없는 노릇이다. 학원을 가자니 자격증 공부만 하게 될 것 같고. 그렇다면 역시….

유학이 답일까? 현지의 대학이나 어학원에서 몇 년 공부하면 그런 걸 더 쉽게 배울 수 있을 것 같긴 한데… 그러고 보니 전에 커뮤니티에서 봤던 고스펙 능력자 중에도 해외 유학파가 많았다.

국내 대학을 나온 사람들도 최소 1년씩 어학연수라도 다녀오는 것 같았다. 하지만 지금 유학을 가면 배보다 배꼽이 더 커질 것 같은데… 그래도 유학을 가는 게 좋을까?

흐음, 하린 님께 한 번 상담해 보자.

✉ **유학을 가야 할까요?**

하린 님 안녕하세요? 김미영이에요.
또 여쭤볼 게 있어서 메일 드려요. 질문이 너무 많아서 죄송합니다!
제가 경영학 전공이라고 말씀드렸잖아요. 언어 전공자들보다 부족한 점이 많은 것 같아서 공부를 더 해보려 합니다.

그런데 아무리 생각해도 좋은 방법이 떠오르지 않아요.

학사를 다시 따는 건 현실적으로 불가능하고 학원을 가자니 자격증 공부만 하게 될 것 같아서요.

그러다가 유학에 생각이 멈췄어요. 전에 말씀드린 좋은 스펙을 가진 분들도 유학파가 많았고 웬만한 언어 전공자는 최소 1년이라도 어학연수를 다녀오는 것 같던데…

저도 무리를 해서라도 몇 년 다녀오는 게 번역가가 되는 데 도움이 될까요? 의견 부탁드립니다!

답장 기다릴게요. 감사합니다!

✉ **미영 님! 아무래도 많이 불안하신가 봐요.**

진로를 쉽게 결정할 수는 없죠. 불안해하시는 것도 이해가 됩니다. 그리고 번역가는 번역이라는 전문적인 일을 하는 전문가 이미지여서 '내가 가진 능력만으로도 충분할까?'라고 자꾸 의심되시겠지요.

물론 번역이 쉬운 일이 아니에요. 전문성이 필요한 것도 사실입니다. 하지만 그렇다고 엄청나게 어려운 일도 아닙니다. 외국어를 잘한다면 도전해볼 만한 일이에요.

외국어 전공자만 번역을 할 수 있는 거 아니냐고, 유학 경험이 도움이 되지 않겠냐고 물으셨는데, 꼭 그렇지는 않다고 말씀드리고 싶어요.

유학을 다녀오거나 외국어 전공을 하면 유리하긴 하겠죠. 하지만 그렇게 생각하면, 제 주변 번역가들은 모두 유학파에 외국어 전공이어야만 하는데, 그렇지 않거든요.

오히려 외국어 전공보다 타 전공인 분들이 많습니다. 외국 경험도 워킹홀리데이 정도가 전부인 분들도 계시고, 워킹홀리데이도 다녀오지 않으신 분들도 계세요.

미영 님, 경영학과를 나오셨다고 하셨죠? 그런데 어떻게 화장품 회사의 마케팅 부서에서 일하게 되셨을까요?

경영학과를 나오셨지만, 동기들이 모두 전공을 살려 취업을 하지는 않았을 거라 생각해요.

마찬가지로, 일본어학과나 영문학과를 나왔다고 해서 모두 전공을 살려 취직하는 것은 아니며 그들이 모두 번역이나 일본어 교육업에 종사하는 것도 아닐 거예요.

유학을 가지 않았고 어학과 관련된 학위가 없는 제일 가까운 번역가 표본이 미영 님의 바로 옆에 있습니다. 네, 저예요.

일본으로 워킹홀리데이를 1년간 다녀온 경험이 전부이고,

경제학과를 나왔습니다. 정말 평범한 이력이지요. 하지만 저는 현재 5년 차 번역가로 활동 중입니다.

물론 저에게 행운이 따라서 번역가가 될 수 있었는지도 몰라요. 운도 어느 정도 따라주었다고 생각합니다.

그렇지만 제가 해왔던 노력을 모두 '단지 행운이었을 뿐'이라고 치부한다면 전 굉장히 슬플 겁니다.

저는 최대한 제게 번역일이 많이 들어오도록 노력했고, 번역을 잘하기 위해 공부도 하고 많은 정보를 수집했어요.

그러니 미영 님도 충분히 가능할 거로 생각합니다.

제가 번역가가 되었는데 미영 님이 되지 못할 이유가 없다고 생각해요. 경력도 저보다는 조금 더 나으시고요.

그러니 너무 고민하지 마시고 일단 한 번 도전해 보는 게 어떨까요? 모든 결정은 미영 님의 몫이지만요.

미영 님. 저는 '미영 님께서는 번역가가 확실히 될 수 있다', '일이 분명히 들어올 거다'라고 말씀드릴 수는 없어요.

하지만 '지금의 조건으로 번역가가 될 수 있다'라고 말씀드릴 수는 있습니다. 솔직히 밑져야 본전입니다.

나중에 아쉬움으로 남느니, 일단 도전해 보라고 말씀해 드리고 싶어요. 고민이 깊으실 텐데 조금이라도 제 답변이 도움이 되길 바랄게요.

하린 님의 답장을 읽고 망치로 머리를 얻어맞은 듯했다.

대학의 전공을 100% 살려 직업을 얻은 사람은 내 주변에도 별로 없다. 그 반대의 경우라면 수두룩해도. 무역회사에서 일하는 국문과 친구부터 광고 대행 회사에서 디자인을 하는 경영학과 동기, 자격증을 따 일본 IT 기업에 취직한 일문과 친구, 치킨집을 차린 컴퓨터공학과 출신의 우리 사촌 오빠 등등.

그런데 왜 번역가만 관련 전공자여야만 한다고 생각했을까? 나는 이미 일본어와 영어를 할 줄 알고 워킹홀리데이로 1년간 일본에서 거주한 경험도 있다. 이 정도면 도전하기에 충분하지 않을까?

하린 님도 나와 비슷한 상황에서 성공적으로 정착했고 외국에서 살아본 경험이 없는 분들도 번역가로 잘 활동한다니 나도 못 할 건 없겠지. 걱정만 하며 행동을 미루는 건 이제 그냥 핑계에 불과한 것 같다. 지금은 더 준비하기보다 일단 도전해야 할 때인 것 같다.

수입은 얼마나 될까?

번역가에 대한 여러 의문이 풀리자 현실적인 문제가 눈에 들어왔다. 과연 번역으로 먹고 살 수 있을 만큼의 돈을 벌 수 있을까? 아무리 하고 싶던 일이라지만 배를 쫄쫄 굶어가면서 할 생각은 없다. 지금이야 모아 놓은 돈과 퇴직금 그리고 위로금이 있어서 어느 정도 기간은 버틸 수 있지만, 이 돈이 떨어지고 난 뒤의 상황을 생각해야만 한다.

인터넷으로 '번역가의 수입'을 검색해 봤다. 한 시간 넘게 이 글 저 글 읽어보니 많이 번다는 사람도 있었고 번역만으로는 먹고 살기 힘들다는 사람도 있었다.

프리랜서로 일하는 것이니 수입이 제각각인 건 알겠지만, 그래도 열심히 일하면 평균적으로 이만큼은 번다는 구체적인 정보가 없어서 조금 답답했다.

이런 질문을 하는 게 실례일 수도 있지만… 역시 하린 님께 물어보는 게 낫겠지?

✉️ **번역가의 수입이 궁금해요.**

안녕하세요, 하린님! 궁금한 게 생겨서 메일 드려요!
죄송하지만 이번에는 조금 민감한 부분에 관해 물어보고 싶은데요….
번역가의 수입이 어떤지 알려 주실 수 있나요? 또 자리 잡고 일정한 수입을 벌 수 있기까지 어느 정도의 시간이 걸리는지도 궁금합니다.
현실적으로 가장 중요한 게 수입인데, 인터넷에서는 다들 하는 말이 달라서요. 너무 답답해서 여쭤봐요.
자리를 잡는데 드는 평균적인 기간과 수입을 알려 주시면 앞으로의 계획에 도움이 많이 될 것 같아요.
답장 기다릴게요. 감사합니다!

✉ **미영 님, 안녕하세요!**

수입… 수입이라. 일단 명확한 답변을 드리지 못하는 점을 미리 사과드릴게요.

프리랜서 번역가는 정말 자기가 번역을 한 만큼만 수입이 생기는 정직한 직업이다 보니, 개개인의 차이가 큽니다. 그래서 평균을 말씀드리기 어려워요.

일단 번역가에게 수입이 생기는 구조에 대해 말씀을 드리고 싶은데요, 음… 식당을 떠올려보시겠어요?

만약에 미영 님이 김치찌개 식당을 개업했다고 생각해 보세요. 식당을 개업했으니 오픈 기념으로 전단지를 나누어주며 홍보를 할 거예요.

하지만 홍보한다고 해서 과연 이 식당에 손님이 얼마나 올지 예측할 수 있나요?

식당에 오늘 손님이 몇 명이나 올지, 어떤 손님이 올지, 앞으로 손님이 얼마나 늘어날지 처음에는 아무런 감을 잡을 수 없을 겁니다. 아예 손님이 안 오는 날도 있을 거예요.

하지만 장사를 하다 보면 하루 평균 몇 명이 오고, 수입이 얼마 정도 된다는 예측 정도는 할 수 있겠지요. 단골손님도 생깁니다.

번역일도 이와 똑같습니다. 일단 번역가들은 주로 번역회사에서 일을 의뢰받습니다.

그러면 번역회사는 어디서 일을 받을까요? 다양한 분야의 회사(최종 클라이언트)에서 일을 받습니다.

IT 회사에서 일본어로 된 자료의 번역이 필요할 때, 화장품 회사에서 영어로 된 참고자료의 번역이 필요할 때 등··· 번역일이 발생할 때 번역회사에 번역을 의뢰합니다. 그러면 번역회사가 번역가에게 작업을 의뢰하는 구조이지요.

번역회사는 다양한 회사에 '번역 일이 있으면 우리 회사에 의뢰해달라'라고 평소에 영업을 합니다.

하지만 일반 회사에 번역일이 발생하지 않으면 번역회사에 굳이 의뢰하진 않겠지요. 회사에 번역일이 발생하느냐는 각각 회사의 사정에 따라 다를 거고요.

그렇기 때문에 번역일이 얼마나 들어올지는 아무도 모르는 일입니다. 김치찌개 식당을 차렸다고 해서 손님들이 오늘 김치찌개가 먹고 싶을지 어떨지 모르는 것처럼요.

게다가 세상에는 참 많은 번역회사가 있고, 많은 번역가가 있습니다.

회사가 어느 번역회사에 일감을 의뢰할지 모르는 일이며, 번역회사에 의뢰한다고 해도 번역회사에서 나에게 번역을 맡길지, 아니면 다른 번역가에게 번역을 맡길지도 모르는 일입니다. 그건 번역회사 마음이니까요.

물론 김치찌개 식당의 단골처럼 번역이 발생할 때마다 특정한 번역회사와 번역가만 찾는 일도 있겠습니다.

하지만 어느 날 '다른 김치찌개를 먹어볼까'라며 다른 식당에 갈 수도 있겠지요.

번역에서도 '이번에는 다른 번역회사나 다른 번역가에게 맡겨볼까?'라고 클라이언트가 생각할 수도 있습니다.

이처럼 아무것도 보장할 수 없기 때문에, 평균적인 수입은 말씀드리기 어렵습니다.

사람과 상황에 따라 각각 다르니까요. 실제로 저는 다음 달 제 수입이 얼마 정도 될지 가늠하지 못합니다. 다음 달에 일이 얼마나 들어올지 모르니까요.

하지만 신기하게도 지속해서 일정 금액 이상의 월수입을 달성하고 있기에 저는 이 일을 계속하고 있습니다. 제가 생각해도 신기한 일입니다.

프리랜서 번역가는 불안정한 직업입니다. 저는 3년 만에 그럭저럭 생활할 수 있는 수입을 얻게 되었지만, 이것은 저의 경우일 뿐입니다. 이 직업은 수입을 알 수 없고, 미래를 예측하기 힘듭니다. 이 점은 유념하셨으면 좋겠어요.

그렇기에 초반에는 의식주를 해결할 수 있는 조건과 얼마 동안 생활을 유지할 수 있는 금액을 준비하신 뒤에 시작하라고 말씀드리고 싶습니다.

아무런 준비 없이 무턱대고 프리랜서 번역가가 되기 위해 뛰어드는 건 위험합니다. 아무도 미영 님의 미래를 책임져 주지 않아요. 그러니 이 부분은 신중하게 생각하시길 바랍니다.

그럼, 답변이 되었길 바라며 미영 님이 어떤 결정을 내리시든 응원하겠습니다.

프리랜서의 수입을 식당 운영에 비유하니 쏙쏙 이해됐다. 요약해 보면, 나를 번역회사라는 손님에게 홍보해서 그것을 보고 찾아온 손님에게 번역을 해 주고 돈을 받는 것이다. 손님이 몇 명이나 올지, 또 얼마나 자주 올지는 아무도 모른다.

수입이 얼마나 될지는 알 수 없지만, 내가 어떻게 하는지에 따라 잠재적인 수입이 달라지는 것이다. 식당이 오래 버텨야 홍하듯 프리랜서 번역가도 어느 정도 기간은 버텨야 홍할 수 있다는 점도 비슷하다.

월급 받는 회사원이 아니니 수입이 불안정한 건 당연한데 답이 뻔히 정해진 질문을 한듯해 조금 부끄러웠다. 하지만 아무것도 모르는 새 분야에 뛰어들려니 영 불안해서 누군가에게 뭔가 확실한 대답을 듣고 싶었다.

하린님은 3년을 버티셨다고 했지… 두 달간 취업 준비를 하며 실업급여를 받은 덕에 가진 돈을 많이 쓰지 않아 다행이다. 지금 가진 돈을 아껴 쓰면 아마 1년 반 정도는 버틸 수 있겠지. 모자란 1년 반은 노력으로 메꿔보자. 한 번 해보는 거야!

번역가가 되는데 필요한
준비물은?

드디어 결심이 섰다. 그동안 갖은 고민을 하며 망설였지만, 이제 진지하게 번역가의 길에 도전해 보려 한다. 많은 도움을 주신 하린 님께도 감사의 메일을 드려야지. 그동안 걸핏하면 메일을 보내서 귀찮게 했는데, 항상 자세히 답장해 주셔서 고민을 덜어낼 수 있었다.

그런데 번역 일을 하려면 뭘 갖추어야 할까? 지금 시대에 손으로 번역을 하지는 않을 테니 필기구는 필요 없을 테고… 전자사전 같은 걸 사야 하려나? 그러고 보니 내 노트북이 좀 오래되긴 했는데 이걸로도 괜찮으려나? 메일을 보내면서 같이 물어봐야겠다!

✉ **번역가에 도전하려고 해요!**

하린님, 안녕하세요?

그동안 제 질문에 친절하게 답변해 주셔서 정말 감사해요!

귀찮으셨을 텐데 항상 자세히 대답해 주셔서 의문을 많이

풀 수 있었어요. 덕분에 번역가에 도전할 결심이 섰어요.

이제 본격적으로 번역가가 되기 위해 노력하면서 지금보다

더 많은 질문을 드리게 될 것 같습니다.

염치없지만, 앞으로도 잘 부탁드립니다!

많이 노력하고 꼭 성공해서 하린님처럼 다른 사람에게 도움

을 베풀게요.

아, 또 질문이 있는데요. 번역가를 준비하는데 별도로 필요

한 게 있을까요? 제가 전자사전도 없고 노트북도 오래됐는

데 새로 사야 할까요? 알려 주시면 준비할게요!

그럼 답장 기다릴게요. 감사합니다!

✉ **미영 님! 결심이 서신 거군요!**

번역가에 도전하신다니 응원하겠습니다. 최선을 다해 미영

님께서 번역가가 될 수 있도록 도와드리겠습니다.

저야말로 잘 부탁드려요!

번역가가 되기 위한 준비물이라고 하면, 역시 노트북이죠!

노트북을 준비하시면 좋습니다. 데스크톱보다는 이동이 간편한 노트북을 추천합니다. 여행을 떠났거나 긴급 상황이 발생할 경우, 노트북이 있다면 바로 대응할 수 있으니까요.

노트북이 있다고 하셨는데, 얼마나 오래된 노트북인가요?

너무 오래된 노트북은 작업 중에 각종 문제를 일으킬 수도 있습니다. 속도가 느려 빠르고 원활한 작업을 방해할 수 있으니 그다지 추천해 드리고 싶지 않아요.

여러 프로그램의 호환성 문제도 발생할 수 있고요.

하지만 너무 오래되지 않은 그럭저럭 쓸만한 노트북이라면 당장은 그냥 사용하셔도 큰 문제는 없을 겁니다.

만약에 노트북을 새로 사실 생각이시라면, 성능이 좋을수록 좋습니다. 그래야 신속한 작업이 가능하니까요.

하지만 그렇다고 너무 무리해서 엄청난 고성능 노트북을 살 필요는 없습니다. 번역에 필요한 프로그램들은 높은 사양과 성능을 요구하지는 않으니까요.

자신이 구매할 수 있는 범위 내에서 가볍고 성능이 좋은 노트북을 선택해보세요. 아 참, 운영체계는 Windows 10을 쓰시는 걸 추천합니다!

전자사전은 따로 갖추셔도 되지만 인터넷 포털 사이트의 전자사전도 충분히 좋은 기능을 제공하니 참고하시길 바랄게요.

그럼, 답변이 되셨길 바라며 앞으로 잘 부탁드립니다!

내 결심을 반겨 주는 하린님의 따뜻함이 모니터 너머에서도 느껴져서 기분이 좋아졌다. 너무 오래된 노트북은 좋지 않다는데… 8년 된 Windows 7 노트북은 너무 오래되었지? 이참에 새 걸로 하나 장만해야겠다.

전자사전이 필수가 아니어서 그나마 다행이다. 조금이나마 예산을 아낄 수 있겠어!

2장 자, 시작해 볼까

미영 이야기

아침의 따사로운 햇살을 느끼며 동네 카페에 갔다. 회사를 그만두고 집에 있을 때가 많았는데, 그러다 보니 축축 늘어지는 느낌이다. 그래서 요즘에는 햇볕 좋은 날이면 어디든 나가기가 일상이 되었다.

번역가가 되기로 마음먹은 후 하린 님께 조언을 구하고, 가성비가 좋다는 노트북도 하나 장만했다. 처음엔 내가 할 수 있을지, 괜히 시간만 버리는 건 아닐지 고민이 많았다. 하지만 여러 번 메일을 주고받는 끝에 드디어 결심하게 되었다.

그런데 막상 도전하려니 뭐부터 해야 할지 몰라 조금 막막한 기분이 들었다. 노트북 화면에 포털 사이트 화면을 띄워 놓고 의자에 기대어 하염없이 커피만 마시다가 퍼뜩 떠오르는 생각에 상체를 바로 세웠다.

"아, 번역회사나 한번 알아볼까?"

그래, 지피지기면 백전백승이라고 어떤 번역회사가 있고 무슨 기준으로 사람을 구하는지 알아야 합격할 확률도 높아질 거 아냐!

커피잔을 테이블에 내려놓고 화면에 띄워 놓은 포털 사이트에서 '번역회사'라는 키워드를 검색했다. 꽤 많은 회사가 검색돼서 홈페이지 링크를 하나하나 클릭해봤지만, 번역가를 구한다는 공지나 구인 게시판이 따로 있는 곳은 거의 없었다.

내 프로필을 올려 번역 일을 받는 재능 판매 사이트도 있었지만 번역회사가 아니니까 일단 패스했다. 구인 공지가 있는 번역회사의 홈페이지 주소를 저장한 다음 이번에는 구인 구직 사이트에 들어갔다.

잡코리아와 사람인에서 '번역가'라는 키워드를 검색하니 프리랜서 번역가를 구하는 공고가 좌르륵 떴다. 다른 업종에 비해 구인 광고가 많지는 않았지만, 그래도 번역회사에 지원할 수 있는 창구를 내 눈으로 확인하니 왠지 모를 안도감이 들었다.

구인 광고는 영어가 제일 많았고 중국어와 일본어가 간간이 눈에 띄는 수준이었다. 몇 년 이상의 경력자를 원하는 곳, 전공자를 우대해 주는 곳, 지원 가능한 어학 자격증 점수를 제시한 곳 등 기준도 다양했다.

전처럼 아무것도 모르는 상태에서 공고를 봤다면 이런 기준들에 지레 겁을 먹었을 테다. 하지만 하린 님과 많은 메일을 주고받으며 격려를 받아서인지 나도 할 수 있을 거라는 근거 없는 자신감이 들었다. 그런 생각을 하며 공고 내용을 스크롤해서 아래로 쭉 내린 나는 마지막에 적힌 숫자에 입을 떡 벌리고야 말았다.

"지원자 186명?!"

지원자 현황에 적힌 숫자가 예상보다 너무 많았다. 공고 기간도 아직 20일이나 남았는데 벌써 이렇게나 많은 사람이 지원했다니… 번역가를 목표로 하는 사람이 정말 많다는 게 새삼 느껴졌다. 그 많은 사람과 경쟁할 생각을 하니 목이 타는 것 같아 남아있던 커피를 한 번에 들이켰다.

아냐. 나에게는 든든한 지원군이 있어. 마음먹은 지 얼마나 됐다고… 벌써 겁먹으면 안 돼. 천릿길도 한걸음부터라고 했다. 나도 일단 이력서를 써서 지원해 보자.

이력서는 어떻게
써야 할까?

　　'프리랜서 번역가 이력서',
'프리랜서 이력서 양식', '번역가 이력서 양식', '번역가 이력
서'. 관련 키워드로 하루 내내 인터넷을 뒤졌지만 별다른 소득
이 없었다. 정확한 예시가 나온 이력서 양식이 있으면 좋으련
만, 정작 나온 건 중요한 내용이 쏙 빠진 블로그 글이나 '유료
양식 ○○폼' 같은 파워링크 광고뿐이었다.

　　답답한 마음에 일단 예전에 다니던 회사에 입사했을 때 썼
던 이력서를 열어봤다. 이름, 전화번호, 학력, 자격증, 근무 이
력. 내 신상에 관한 모든 정보가 들어가 있었다.

　　근무 이력란에 이번에 그만둔 회사의 정보를 추가로 입력

한 다음 모니터를 노려보며 생각했다. 여기서 뭘 더 적어야 할까? 역시 자기소개서로 승부를 봐야 하나?

워드 파일을 열고 나의 번역에 대한 열정을 기발한 소제목과 함께 네 개의 항목으로 나누어 적어 내려갔다. 어릴 때 외서를 좋아하는 부모님의 영향으로 번역 서적을 많이 읽었던 경험, 대학 재학 시절 교수님의 부탁으로 수업에 쓸 자료를 번역해 칭찬받았던 일, 마지막으로 실전 경험은 없지만 누구보다도 자신 있으니 맡겨만 달라는 패기 넘치는 멘트까지.

좋아, 이 정도면 완벽해! 일단 지원하기 전에 하린 님한테 검사 한번 받아야겠다.

✉ **하린 님 이력서 좀 봐 주세요.**

하린 님 안녕하세요!
이제 번역 회사에 진짜 지원해 보려고 이력서를 썼는데, 어떤지 한 번 봐주세요!
이력서는 일단 예전에 쓰던 양식에 내용을 조금 업데이트했어요. 자기소개서에 많이 집중했는데 읽어 보시고 이상한 부분 있으면 알려 주세요!

아, 그리고 쓸까 말까 하다가 안 썼는데 워킹 홀리데이로 일본에 다녀온 경험이나, 일본 현지에서 아르바이트한 경력을 이력서에 적어도 될까요? 제 이력서가 너무 초라해 보여서요…. 그럼 부탁드릴게요!

첨부파일 : 이력서.hwp

　　　　　자기소개서.hwp

이력서

1. 인적 사항

성명	(한글) 김 미 영　　　　(한자) 金 美 暎
주민등록번호	931234-2212345
주소	(우편번호 : 12345) 서울특별시 ○○구 ○○○길 123-456
연락처	010-1234-5678

2. 학력 사항

기간	학교명	전공	소재지	성적
08.02~11.02	○○고등학교	문과	○○시	/
11.03~15.03	○○대학교	경역학과	○○시	3.2 / 4.5

3. 경력 사항

근무처	근무부서	직위	담당업무	근무기간	퇴사사유
○○화장품	마케팅	주임	광고 검수, SNS 관리	16.02~19.02	개인사정

4. 자격증

자격증	점수	발급일	발급 기관
TOEIC	850 / 990	2015.01.23	한국TOEIC위원회
JLPT N1	110 / 180	2015.01.29	일본국제교육협회

5. 병역 사항

제대 구분	면제 사항	복무 기간	군 별	병 과	계 급

✉ **안녕하세요, 미영 님!**

날씨가 매우 쌀쌀하네요.

따뜻한 차라도 즐기시면서 감기에 주의하시길 바랄게요.

이력서는 잘 받아보았습니다. 신상 정보가 담겨있는 이력서
인 만큼 유출되지 않도록 잘 보관하겠습니다.

일단 체크해드릴 것들이 조금 있으니 아래 내용을 참고하시
길 바랄게요.

1. 일단 첫 부분부터 살펴보죠. 재택근무를 하는 프리랜서
번역가에게 제일 중요한 연락 수단은 무엇일까요?

바로 이메일입니다. 모든 파일과 업무 연락은 기본적으로
이메일을 통해 주고 받게 되죠. 이 이력서 또한 이메일로 보
낼 거고요. 그러니 연락처 아래에 이메일 란을 따로 생성해
서 반드시 기재하면 좋겠습니다.

그리고 대응 언어 기재가 누락되었네요. 어떤 언어를 번역
하는지 정도는 기본적으로 알려주어야겠죠? 영어 번역이
라고 해도 '영어 → 한국어' 번역인지, '한국어 → 영어' 번역
인지, 양방향이 가능한지 등의 정보를 알려주어야 회사에서

일을 의뢰할 때 참고할 수 있을 겁니다.

일본어 이력서나 영어 이력서에는 자신의 모국어도 꼭 함께 기재하는 것을 잊지 마세요!

그리고 주민등록번호는 기재하지 않으셔도 됩니다. 개인정보는 소중하므로 추후 프리랜서 등록 계약까지 진행되어 주민등록번호가 필요하다면 그때 알려줘도 됩니다.

2. 학력 사항에 오타가 있네요. 경역학과! 번역가는 맞춤법과 띄어쓰기를 주의해야 하는 직업인만큼, 이력서에서의 오타는 클라이언트에게 안 좋은 인상을 줄 수 있겠죠? 이력서는 자신을 어필하고 영업하는 미영 님의 광고판과 마찬가지니까요. 클라이언트가 미영 님을 고용하고 싶은 마음이 들도록 오타는 신중, 또 신중하셔야 해요.

3. 경력 사항
○○화장품 마케팅팀에서 일하셨군요! 마케팅 분야에서 일한 경력은 마케팅 번역에서 큰 힘이 된답니다!

이 부분에서는 학력 사항과 마찬가지로 근무 기간을 맨 앞에 써주면 어떨까요? 그러면 눈이 왔다 갔다 하지 않고 이력서를 흐름에 따라 파악할 수 있을 테니까요.

4. 자격증! 혹시 어학 자격증 외에 컴퓨터 자격증이나 다른 자격증은 없을까요?

번역 이력서라고 해서 꼭 번역과 관련된 이력만 쓸 필요는 없습니다. 다양한 이력을 써두면 그 이력과 관련된 다양한 프로젝트를 의뢰받을 수도 있으니까요.

또한 '컴퓨터활용능력'이라든가 '워드 프로세서' 같은 컴퓨터 자격증을 써두면 컴퓨터에 대한 기본적인 지식이 있다는 걸 어필할 수도 있으니 다시 한번 생각해 보세요!

5. 병역 사항. 미영 님, 특별한 병역사항이 없다면 병역사항 란은 지워도 괜찮을 겁니다.

6. 그리고 HWP 파일! 미영 님! 한컴 오피스 파일로 보내셨네요. 국내 회사에 제출할 이력서라면 한컴 오피스 파일이어도 큰 문제가 되지 않겠지만, 이 이력서를 영어나 일본어로 바꾸어서 해외에 있는 회사에 이력서를 제출하려면 반드시 '마이크로소프트 오피스 워드' 파일이나 'PDF' 파일 형태

로 제출하셔야 합니다.

한컴 오피스는 한글에 특화되어 있어서 국내에서는 보편적으로 쓰이지만, 일본이나 미국에서는 보편적인 프로그램이 아니기에 이력서를 받아도 상대방이 파일을 열지 못할 수 있습니다.

7. 사용 가능 프로그램도 이력서에 기재해 주세요. 오피스 프로그램을 사용할 줄 안다는 내용은 너무 기본적인 사항이라고 생각할 수도 있겠지만, 자신이 어떤 환경에서 번역하는지에 대한 정보가 될 수 있습니다.

8. 마지막으로 전문 분야. 자신이 어떤 분야의 번역에 자신이 있는지 기재해 주세요. 이 내용을 참고로 해서 일을 의뢰할 수도 있으니까요. 자신이 할 수 있는 분야를 떠올려보며 꼼꼼히 기재해봅시다.

자, 이렇게 전체적으로 훑어보았는데요…
메일 내용에 워킹홀리데이를 다녀오셨고, 아르바이트를 하셨다고 기재해 주셨지요? 워킹홀리데이는 당연히 이력서에 쓰셔도 됩니다. 해외 경험을 어필할 수 있으니까요.

혹시 워킹홀리데이를 진행하시면서 현지에서 아르바이트를 하셨다면, 그 또한 자세하게 경력 사항에 기재해 주세요. 어떤 경험이 번역에 도움이 될지 모르는 일이니까요.

워킹홀리데이 기간 중이나 학창 시절에 동아리 활동이나 단체 활동 같은 걸 하신 적이 있나요? 메일에 자세히 적어주시면 그중에서 이력서에 활용 가능한 부분만 체크해서 제가 답변드릴게요.

그리고 자기소개서를 써서 보내 주셨는데, 번역 회사의 프리랜서로 지원하는 경우 자기소개서는 필수가 아닌 회사가 많아요.

만약에 자기소개서를 요청하는 업체일 경우, 부모님 이야기는 쓰지 않으셔도 됩니다. 보통 번역과 관련된 경력 사항을 메일에 요약해서 적는 '커버레터 형식'을 많이 쓰니 참고해 주세요. 지금까지의 미영 님의 인생을 되돌아보는 시간을 가져본다면 조금 더 작성하기 쉬울 거예요.

미영님의 인생 중에 일본어, 영어와 관련된 일들이 얼마나 있었는지 한 번 생각해 보세요. 정말 사소한 것이라도 좋아요. 제게 문의하시는 분들은 주로 "평범하게 살아와서 이렇다 할 경력이 없다"라고 말씀하세요.

하지만 성인으로서 이 사회를 살아가는 이상, 경력이 전혀 없는 사람은 보기 드뭅니다. 화장품 가게에서 고객 응대를 한 것도 화장품 브로슈어나 매뉴얼을 번역할 때 좋은 경력이 되거든요. 햄버거 가게에서 일한 것도 마찬가지예요. 패밀리 레스토랑의 메뉴판 번역에 도움이 되지 않을까요? 저는 IT 회사 경력으로 IT 번역일을 맡게 되었어요.

자, 지금부터 미영 님의 인생을 다시 한번 곰곰이 되짚어 보세요.

어떻게 일본어, 영어를 접하게 되었고 두 언어에 흥미를 느끼게 되었으며 번역가의 꿈까지 꾸게 되었는지, 그 과정에 대해 생각해 보시면 조금 수월할지도 몰라요.

그리고 앞으로 어떤 번역가가 되고 싶은지도 생각해 보면 좋지 않을까요?

그럼, 이력서 수정과 질문에 답변 부탁드리며 다시 메일 보내주세요.

이력서

1. 인적 사항

성명	(한글) 김 미 영　　(한자) 金 美 暎
주민등록번호	931234-2212345
주소	(우편번호 : 12345) 서울특별시 ○○구 ○○○길 123-456
연락처	010-1234-5678

> 주민등록번호는 나중에 알려줘도 됩니다

> • 이메일이 없어요! 이메일 칸을 따로 생성해서 기재해 주세요.
> • 어떤 언어를 번역하는지 명시해야 의뢰 시에 참고가 되겠죠?

2. 학력 사항

기간	학교명	전공	소재지	성적
08.02~11.02	○○고등학교	문과	○○시	
11.03~15.03	○○대학교	경역학과		

> 오타주의! 오타내는 번역가에게 번역을 맡기고 싶진 않겠죠?

3. 경력 사항

근무처	근무부서	직위	담당업무	근무기간	퇴사사유
○○화장품	마케팅	주임	광고 검수, SNS 관리	16.02~19.02	개인사정

> 학력 사항은 기간이 맨 앞인데 여기는 중간이네요! 여기서도 맨 앞으로 옮겨주는게 깔끔하지 않을까요?

4. 자격증

자격증	점수	발급일	발급 기관
TOEIC	850 / 990	2015.01.23	한국TOEIC위원회
JLPT N1	110 / 180	2015.01.29	일본국제교육협회

5. 병역 사항

> 병역사항에 해당하지 않는다면 삭제해도 무관할 겁니다

제대 구분	면제 사항	복무기간	군 별	병 과	계 급

> 사용 가능 프로그램(자신이 어떤 환경에서 번역하는지에 대한 정보), 전문 분야(자신 있는 분야 기재)도 이력서에 추가해 주세요.

며칠 뒤 받은 하린 님의 답장을 읽고 정신이 아찔해졌다. 나름대로 열심히 썼으니 칭찬을 받지 않을까 조금 기대했지만, 어림도 없었다.

장문의 지적 사항을 보고 내가 쓴 이력서를 다시 읽어봤다. 분명히 확인할 땐 오타가 안 보였는데… 이건 파일이 요술을 부렸거나 내 정신이 나갔거나 둘 중 하나가 분명하다.

일단 그녀의 말대로 이력서를 수정해야겠다. 그리고 일본어와 영어에 관련된 추억을 하나씩 되짚어봐야겠다. 내가 일본어와 영어를 좋아하게 된 이유, 번역가에 흥미를 느끼게 된 계기를 생각해 보았다.

모든 것의 시작은 '덕질(어떤 분야를 열성적으로 좋아하여 그와 관련된 것들을 모으거나 파고드는 일)'이었다. 고등학생 시절, 일본 아이돌에 푹 빠져버린 나는 학업도 뒤로한 채 덕질에 몰두했다. 매일 그들의 영상을 찾아보며 부모님을 졸라 일본어 학원에 등록했고 야자(야간 자율학습) 시간에는 수능 공부 대신 일본어를 공부했다.

덕분에 수능 성적은 그다지 좋지 않았지만, 일본어는 나름 잘할 수 있게 됐다. 공부하다 보니 점점 일본 문화에 빠져들어서 유명한 드라마나 애니메이션도 챙겨보게 됐고 대학 졸업

후에는 워킹홀리데이로 1년을 일본에서 살았다.

영어를 공부한 계기도 비슷했다. 초등학교 때부터 영어를 배웠지만 별다른 재미를 못 느껴서 교과서에 나온 기초 문법만 겨우 외우는 수준이었다.

하지만 우연히 형제가 감옥을 탈출하는 내용의 미국 드라마 「프리즌 브레이크」를 보고 푹 빠져서 틈만 나면 그 드라마를 계속 돌려 봤고 유명하다는 다른 미국 드라마도 전부 섭렵하게 됐다.

그러다 보니 어느 날 영어가 귀에 들리기 시작했고 하나둘 알아듣는 말이 늘어나는 것이 재미있어 영어를 더 깊게 공부하게 되었다.

인생을 되돌아보니 내가 되고 싶은 번역가의 방향이 약간 잡힌다. 대중문화와 관련된 콘텐츠를 번역하면 정말 재미있을 것 같은데… 당장 할 수 있는 일은 아닐지라도 목표를 설정하면 언젠간 할 수 있지 않을까? 힘내서 열심히 해야겠다!

변변치 않은 경험을
이력서에 적어도 될까?

하린 님의 말대로 추억을
하나둘 꺼내 보니 외국어를 활용한 경험이 몇 개 있기는 했다.

첫 번째는 학과에서 주최한 학술회 안내자료를 일본어로
번역했던 일이다. 대학 시절 조교실에서 근로 장학생으로 일
했는데, 내가 일본어가 가능하다는 걸 안 조교 선생님이 대뜸
학술회 안내자료 번역을 맡겼다. 처음엔 귀찮아서 거절하려고
했는데, 번역비를 주신다고 해서 냉큼 맡았었지.

두 번째는 화장품 가게 아르바이트다. 몇 년 전 워킹홀리
데이로 1년간 도쿄에서 살며 번화가에 있는 한국 화장품 가게
에서 일한 적이 있다. 일본인 손님에게 물건을 더 많이 팔려고

화장품의 성분과 효능을 참 열심히 공부했었는데… 그때 외운 내용을 화장품 회사에 취직한 다음에도 유용하게 사용했다.

세 번째는 해외 거래처에서 온 메일을 번역했던 경험이다. 이전 직장에 다닐 때, 수입해 온 화장품의 마케팅에 관해 해외 거래처와 자주 메일을 주고받았다. 그 내용을 타 부서에 공유하거나 윗선에 보고할 때는 항상 내가 번역을 했다. 이때는 일본회사와도 영어로 메일을 주고받았었다.

그런데 정말 이런 걸 이력서에 적어도 되려나? 대학생 때 번역한 경험은 벌써 5년이나 지났고 화장품 가게 일은 아르바이트에 불과하다. 게다가 이메일 번역은 분량이 짧고 간단했는데… 이런 내용도 번역 경험에 넣어도 되는 걸까?

✉ **안녕하세요, 하린 님! 이력서 봐주셔서 감사해요!**

틀린 게 너무 많아서 조금 민망했는데, 무안하지 않게 하나하나 알려 주셔서 감동 받았어요. 말씀대로 제 과거를 되짚어 보니 외국어를 활용해서 일한 경험이 있긴 하더라고요. 일단 적어보자면,

1. 학과 주최 학술회 안내자료를 일본어로 번역

2. 도쿄에 있는 한국 화장품 가게에서 아르바이트를 함

3. 이전 직장인 화장품 회사 해외 거래처 이메일 번역

이런 내용이 있지만, 첫 번째는 5년도 더 전에 한 경험이고, 두 번째는 그냥 아르바이트이고, 세 번째는 너무 간단한 내용이라 번역이라고 하기도 조금 민망한 수준인데…
이런 변변치 않은 경험을 정말 이력서에 적어도 될까요?
괜찮다고는 하셨지만, 자신감이 자꾸 떨어지네요.
보고 말씀해 주시면 이력서를 최종적으로 수정해서 다시 보낼게요.
그럼 답변 기다릴게요. 감사합니다!

✉ **안녕하세요, 미영 님!**

번역과 관련된 경험이 두 가지나 있으시다니! 그 정도면 충분하다고 생각합니다.
학과 주최 학술회 안내자료 일본어 번역은 5년 전 경험이라고 해도, 확실히 미영 님이 번역을 담당하시고 보상을 받았

으며, 그 번역이 어떤 일에 활용되었다면 귀중한 경력이 된다고 생각합니다.

그리고 두 번째, 도쿄에 있는 한국 화장품 가게 아르바이트는 경력으로 내세우기에 아주 좋은 경험이라고 생각합니다. 누군가에게 화장품을 판매해본 경험은 마케팅 번역을 할 때 큰 도움이 될 거예요.

만약에 화장품 관련 번역 프로젝트가 발생해서 번역가를 모집한다면 이런 경험은 영업할 때도 굉장한 장점이 되지 않을까요? 아무래도 화장품에 대해 잘 알고 있는 사람이라는 인상을 줄 수 있으니까요.

게다가 직접 현장에서 고객에게 화장품을 판매해본 사람은 실제 시장에서 사용되는 텍스트들이 어떤 뉘앙스이며 분위기인지 알 수 있다고 생각해요.

실제로 저는 짧게나마 IT 회사에서 근무한 경력 덕분에 IT 번역 프로젝트를 많이 맡기도 했답니다. 사소한 아르바이트 경험이라고 해도 번역 일감을 수주할 때 큰 도움이 되는 경우가 있어요.

세 번째 '이전 직장의 해외 거래처 이메일 번역'도 번역 업무가 확실히 포함되어 있고, 꾸준히 하셨다면 괜찮을 거라고 생각합니다.

다만, 이 업무를 따로 떼어서 번역 이력으로 써도 될지는 조금 고민해봐야 할 거 같습니다. 번역 이력으로 쓰기 어렵다면 직업 이력란의 직무 경력으로 코멘트해주어도 좋을 거 같아요.

세상에 별것 아닌 경험은 없다고 생각해요.

모든 사람이 다 똑같은 삶을 살진 않으니 각각의 특색이 있기 마련이며 그 사람만이 경험할 수 있는 것들이 있어요.

같은 직장을 다니는 동료끼리도 업무에 따라 경험들이 달라지잖아요? 이력서를 쓸 때만큼은 조금 더 당당하게 어깨를 펴고 자신을 멋지게 드러내도록 합시다.

자신의 모든 경험을 별거 아닌 것으로 치부하는 이력서보다는 당당하고 자신의 장점을 어필하려는 의지가 엿보이는 이력서가 더 돋보이지 않을까요?

위에서 말씀드린 내용을 바탕으로 영어 이력서와 일본어 이력서도 한번 작성해보세요.

영어 이력서는 한국 이력서와 서식이 많이 다르니 유념하시고요. 한국 이력서보다 번역 이력이 훨씬 앞에 나온답니다.

구글에서 'Translator Resume'라고 검색하시면 많은 번역가 이력서가 나오니 참고하셨으면 좋겠습니다.

그리고 일본어 이력서는 마찬가지로 일본 웹사이트에서 검색해보셔도 좋지만, 기존의 한국어 이력서를 일본어로 번역한 뒤 형식을 점검해 보는 방법도 좋을 거 같아요.

일본어 이력서는 한국어로 된 고유명사 표기에 특히나 더 주의하셔야 합니다!

그럼 이력서를 다시 작성해보시고 영어 이력서와 일본어 이력서도 작성해 주세요. 작성하신 뒤에 다시 보내주시면 재검토해드리겠습니다.

이력서를 쓰는 건 꽤 힘든 일이지만, 한 번 써두면 나중에는 이력을 추가하고 수정하기만 하면 되니까요.

조금만 더 힘내봅시다!

세 경험을 모두 살릴 수 있다니 정말 다행이다! 특히 열심히 일하고 공부했던 화장품 가게 아르바이트 경험을 적을 수 있어서 정말 기뻤다. 별것 아닌 경험은 없다는 하린 님의 말에 자신감이 생겼다. 내 경험은 별것 아닌 게 아니야. 당당해지자! 그럼 이력서를 수정해 볼까?

이력서

1. 인적 사항

성명	(한글) 김 미 영　　　(영문) Miyoung Kim
주소	(우편번호 : 12345) 서울특별시 ○○구 ○○○길 123-456
e-mail	miyoung_123@sena.com
연락처	010-1234-5678
대응 언어	영어 → 한국어 / 일본어 → 한국어

2. 학력 사항

기간	학교명	전공	소재지	성적
08.02~11.02	○○고등학교	문과	○○ 시	/
11.03~15.03	○○대학교	경영학과	○○ 시	3.2 / 4.5

3. 경력 사항

근무기간	근무처	근무부서	직위	담당업무	퇴사사유
15.04~16.01	○○하라주쿠 지점	N/A	판매원	화장품 설명 및 판매	워킹홀리데이 비자만료
16.02~19.02	○○화장품	마케팅	주임	광고 검수, SNS관리, 해외 클라이언트 E-MAIL 번역	개인 사정

4. 자격증

자격증	점수	발급일	발급 기관
컴퓨터 활용능력 2급	230 / 300	2013.06.10	대한상공회의소
TOEIC	850 / 990	2015.01.23	한국TOEIC위원회
JLPT N1	110 / 180	2015.01.29	일본국제교육협회

5. 사용 가능 프로그램

Microsoft office 2018(Word, PowerPoint, Excel), Adobe photoshop CS5

6. 번역 이력

기간	작업 내용
2014.09	○○대학교 경영학과 학술회 안내자료 일본어 번역

7. 전문 분야

마케팅, 화장품, 관광, 비즈니스 일반

하린 님이 지적해 주신 사항을 꼼꼼히 반영해서 한국어 이력서를 수정했다. 수정한 이력서는 이전에 쓴 것보다 더 꽉 차 보여서 왠지 만족스러웠다. 김칫국을 한 사발 마셔보자면 벌써 프로가 된 느낌이라고 해야 하나? 하지만 아직 갈 길이 멀다.

영문 이력서와 일본어 이력서도 작성해야 한댔지. 일단 한국어 이력서를 그대로 번역할 수 있는 일본어 이력서부터 써보자!

· 2장. 자, 시작해 볼까? ·

履歴書

1. 個人情報

氏名	(漢字) 金美暎 (キム・ミヨン) (英語) Miyoung Kim
住所	(郵便番号：12345) ソウル特別市 ○○区 ○○○キル 123-456
e-mail	miyoung_123@sena.com
電話番号	(+82)10-1234-5678
対応言語	英語 → 韓国語 / 日本語 → 韓国語

2. 学歴

期間	学校名	専攻	所在地	成績
08.02~11.02	○○高等学校	文科	○○市	/
11.03~15.03	○○大学	経営学科	○○市	3.2 / 4.5

3. 職歴

勤務期間	会社名	部署	職位	担当業務	退職理由
15.04~16.01	○○原宿支店	N/A	パートタイマー	化粧品の成分や効果の説明及び販売。	ワーホリのビザ満了
16.02~19.02	○○化粧品	マーケティング	主任	化粧品の広告とSNSアカウントの管理、海外クライエントからのE-MAIL翻訳。	個人理由

4. 資格

資格	点数	取得日	発給機関
コンピュータ活用能力2級	230 / 300	2013.06.10	大韓商工会議所
TOEIC	850 / 990	2015.01.23	韓国TOEIC委員会
JLPT N1	110 / 180	2015.01.29	日本国際教育協会

5. 使用可能プログラム

Microsoft office 2018(Word, PowerPoint, Excel), adobe photoshop CS5

6. 翻訳実績

期間	内容
2014.09	○○大学経営学科のシンポジウムの案内資料。(韓日翻訳)

7. 得意分野

マーケティング、化粧品、観光、ビジネス一般

일본어 이력서도 완성했으니 이제 영어 이력서를 쓸 차례다. 구글에서 'Translator Resume'를 검색해보니 하린 님의 말대로 많은 이력서가 쏟아져 나왔다. 그중에서 가장 단순해 보이는 이력서를 하나 참고해서 작성해 봐야겠다.

Miyoung Kim

Email: miyoung_123@sena.com
Mobile: (+82)10-1234-5678
Skype ID: miyoung_sena123

Language Pairs

English to Korean

Japanese to Korean

*Native Korean

Specialization

Cosmetics, Marketing, Tourism, etc.

Computer Skils

MS Office(Word, Excel, Power Point) 2018, Photoshop CS5, etc

Experiences

- Feb. 2016 ~ Feb. 2019   **Marketing Assistant**

****** Cosmetics

·Handled branding for SNS platforms and email campaigns.

· Presented new products to the public at events.

· Trained brand ambassadors to promote events on SNS.

· Translated all emails from international clients.

- Apr. 2015 ~ Jan. 2016   **Cosmetic Sales Clerk**

******* Harajuku Branch

· Talked to customers asking them questions regarding the products they use and making suggestions for new products.

· Talked to customers passing by to offer them brochures and samples.

Translation Experience

- Sep. 2014 Information materials of ******* National University Department of Business Administration Symposium.

(Korean to Japanese)

Certifications

TOEIC 850, JLPT N1, Computer Specialist in Spreadsheet & Database Level-2

Education

Bachelor's degree in Department of Business Administration

******* National University 2015

영어 이력서도 드디어 완성했다. 번역하는 언어 쌍(Language pair)과 전문 분야를 적는 부분이 있는 게 특이사항이려나? 하긴, 번역가의 이력서니까 이런 정보가 있는 게 당연하겠지. 번역에 초점을 맞춘 이력서라니, 새로운 느낌이다. 제일 간단한 이력서를 참고한 탓에 약간 비어 보이긴 하지만, 앞으로 준비해나가면서 차차 채워 넣어야겠다. 그럼 하린 님께 이메일을 보내볼까?

✉ **하린 님, 안녕하세요!**

말씀하신 대로 이력서 수정하고 영어 이력서, 일본어 이력서도 작성했으니 한 번 봐주세요. 잘 부탁드려요!
첨부파일 : 김미영 이력서.docx , キムミヨン履歴書.docx ,
Miyoung Kim resume.docx

✉ **안녕하세요, 미영 님!**

확인했습니다. 큰 문제는 없어 보입니다. 나머지 부분은 조금씩 추가하고, 이제 다음 단계로 넘어가 볼까요?

야호! 이제 이력서는 준비됐다.

다음 단계로 진입해 볼까?

커버레터는
어떻게 써야 하나요?

이력서는 다됐고 이제 자기소개서를 고칠 차례다. 번역회사에 자기소개서를 낼 때는 경력을 위주로 한 커버레터 형식으로 많이 쓴다고 그랬었지?

커버레터라는 말은 종종 접해봤지만 정확한 의미는 잘 모르겠는데… 인터넷으로 한 번 찾아보자.

"커버레터란 인사 담당자에게 이력서와 함께 보내는 편지이며 자기소개서 형식의 문서이다…"

음… 일반 자소서랑 뭐가 다른 거지? 편지 형식인 게 다른 건가? 그럼 제목 넣어서 문단을 나누는 건 안 해야겠네. 일단 하린 님이 지적한 부분을 수정해서 다시 적어보자. 가족 이야기를 빼고 경력 사항을 요약해서 적으라고 했지?

자기소개서

귀사의 번역 가치를 실현하겠습니다.

고객의 오감을 사로잡는 뛰어난 번역으로 단순한 고객 만족을 넘어 귀사가 추구하는 번역 가치를 실현하겠습니다. 주어진 문서만 수동적으로 번역하는 것이 아니라 국내외의 산업을 살펴 번역 수요가 늘어날 분야를 예측하고 공부하며 능동적으로 행동하는 준비된 번역사가 되겠습니다.

대학을 다닐 때, 학과에서 주최한 학술회 자료를 일문으로 번역한 적이 있습니다. 학과 조교 선생님께서 자료가 필요한 바로 전날에 번역을 맡겨 매우 촉박한 상황이었음에도 밤을 새워 번역을 끝마쳤습니다.

또, 이전 직장에서 근무할 때 해외 거래처와의 의사소통을 주도적으로 도맡아 하였으며, 그때 주고받은 메일을 번역하여 회의 및 보고자료로 활용하였습니다.

이 경험은 아주 사소하지만 제가 어릴 적부터 꿈꿔왔던 번역사라는 직업을 간접적으로나마 체험할 소중한 기회였습니다.

영국의 소설가 이엠 포스터는 이렇게 말했습니다. '열정이 있는 한 사람이 그냥 관심만 있는 사십 명의 사람보다 낫다.' 비록 경력은 없지만 타고난 열정과 끈기로 뛰어난 번역물을 만들어낼 것입니다. 귀사의 중요한 번역 자산이 되고 싶습니다. 감사합니다.

휴… 다 썼다. 그런데 너무 짧나? 중간에 경험 집어넣은 것만 빼면 전에 쓴 거랑 별다를 게 없는 것 같기도 하고… 일단 하린 님께 검사를 받아봐야겠다.

✉ **자기소개서 좀 봐주세요!**

하린 님, 안녕하세요!

요즘 하늘이 참 맑고 햇살도 따사롭네요. 살짝 선선하긴 하지만 산책하기 딱 좋은 날씨인 것 같아요. 낮에 산책하면서 햇살을 받으니 갑자기 하린 님이 키우신다던 루꼴라가 생각나더라고요. 루꼴라는 잘 자라고 있나요?

잡담이 길었지만 저번에 말씀해 주신 사항을 수정해서 자기소개서를 다시 썼어요. 커버레터 형식으로 쓰라고 하셨는데, 어떻게 쓰는 건지 감이 잘 안 와서 일단 메일 내용에 번역 경험을 집어넣고 짧게 요약해서 써 봤어요.

다시 한번 보시고 내용이 괜찮은지 말씀해 주실 수 있으신가요? 감사합니다!

첨부파일 : 자기소개서.docx

✉ **안녕하세요, 미영 님!**

루꼴라는 잘 있습니다. 아주 잘 자라고 있어요. 요새 날씨가 좋아서 그런가 봐요. 저도 산책을 좀 해야 할 텐데….

자기소개서 파일은 잘 받았습니다. 작성하시느라 고생 많으셨어요.

파일을 열어보니 아마도 회사에 취직할 때 자기소개서를 썼던 기억으로 커버 레터를 작성하신 거 같아요.

하지만 프리랜서 번역가는 외주 용병이므로 '능력과 업무 중심의 커버 레터'를 쓰셔야 합니다. 장황하게 어떤 번역가가 되겠다고 쓰는 것보다는 핵심만 이야기하는 게 낫다는 말이지요. 프리랜서 번역가들은 이미 현역에서 프로로 활동하고 있는 사람들이기 때문에 그들에 비해 아마추어처럼 보이는 건 경쟁력이 떨어지겠죠?

커버레터에 대해 본격적으로 말씀드리기 전에, 미영 님이 작성하신 커버레터의 일부를 체크해드리고 싶습니다.

미영 커버레터 첨삭

대학을 다닐 때, 학과에서 주최한 학술회 자료를 일문으로 번역한 적이 있습니다. 학과 조교 선생님께서 자료가 필요한 바로 전날에 번역을 맡겨 매우 촉박한 상황이었음에도 밤을 새워 번역을 끝마쳤습니다.

또, 이전 직장에서 근무할 때 해외 거래처와의 의사소통을 주도적으로 도맡아 하였으며, 그때 주고받은 메일을 번역하여 회의 및 보고자료로 활용하였습니다.

이 경험은 아주 사소하지만(굳이 스스로 경험을 축소해서 말할 필요는 없지 않을까요?) 제가 어릴 적부터 꿈꿔왔던 번역사라는 직업을 간접적으로나마 체험할 소중한 기회였습니다. ('간접적으로 체험하다'라는 말 자체가 소극적인 뉘앙스입니다)

영국의 소설가 이엠 포스터는 이렇게 말했습니다. '열정이 있는 한 사람이 그냥 관심만 있는 사십 명의 사람보다 낫다.'(명언 인용은 굳이 하지 않아도 좋습니다) 비록 경력은 없지만(경력이 없다는 사실을 굳이 앞세우지 않으셔도 됩니다. 경력이 적다는 것은 이력서에 이미 나와 있으니까요.) 타고난 열정과 끈기로 뛰어난 번역물을 만들어낼 것입니다. 귀사의 중요한 번역자산이 되고 싶습니다. 감사합니다.

사실 번역회사에 프리랜서 지원을 할 때는 커버레터나 자기소개서를 별도의 파일로 요구하는 일이 적습니다. 보통은 이메일 내용으로 쓰지요.

그러므로 기업에 이력서를 보내며 자기소개를 하는 코너라고 생각하시면 될 거 같습니다. 저는 이것을 '영업 메일'이라고 부릅니다.

일감을 얻기 위한 자기소개를 한다면 어떤 내용이 들어가야 할까요?

영어로 된 커버 레터와 일본어 메일, 한국어 메일 내용이 살짝 다를 수 있는데, 공통으로 들어가야 할 내용에 대해 간략하게 이야기해 보겠습니다.

먼저 이름과 메일을 보내게 된 경위에 대해 이야기해야겠죠? 무턱대고 생뚱맞게 메일을 보내는 것보다는 자신이 어떠한 경로를 통해 메일을 보내게 됐는지 설명해야 합니다.

○○에서 모집 공고를 보고 메일을 보내며, ○○언어의 번역가로 지원한다는 내용이 첫 번째로 오면 좋겠지요.

다음으로는 자신이 지원한 공고와 관련이 있는 경험을 강조하면 좋습니다.

만약에 '화장품 번역가 모집'이라는 공고에 지원하기 위한 메일이라면, 화장품 번역을 했던 경험부터 화장품 판매를 했던 일까지 한눈에 잘 들어오게 간략하게 기재하면서 '나는 화장품 번역에 자신이 있다'라고 어필해주는 것이 좋겠습니다.

만약에 공고와 무관하게 번역회사에 등록되기 위한 이메일이라면 자신 있는 번역 분야를 이야기하면 됩니다.

예를 들어 '저는 관광, 홈페이지, IT 분야 번역에 자신이 있습니다'라는 식이죠.

그리고 자신이 하루에 번역할 수 있는 분량을 기재하시면 좋습니다. 아마 미영 님은 아직 본인이 가능한 번역 분량을 모르실 거 같아요.

하지만 번역가가 하루에 번역할 수 있는 자신의 분량을 알려주어야 번역 회사에서도 그 분량에 맞추어서 일감을 할당해줄 수 있습니다.

그러니 자신의 분량을 미리 파악해두고 기재하는 것이 좋겠습니다. 하루쯤 시간을 내어 하루에 얼마나 자신이 번역할 수 있는지 측정해보세요.

일본어는 띄어쓰기가 없어서 글자 수로 단위를 책정하는 반면, 영어는 단어 수로 책정하니 이점 참고하시길 바랍니다.

나머지는 자신의 컴퓨터 능력과 CAT Tool, 기타 어필하고 싶은 다른 정보들을 기재하시면 됩니다.

사용 중인 소프트웨어가 무조건 엄청난 최신 버전일 필요는 없지만 호환성 문제가 우려될 만큼 오래된 버전이라면 이 기회에 업그레이드하시는 것도 좋겠습니다.

메일 끝부분에는 꼭 함께 일하고 싶다는 의지를 표명하는 문구 정도를 써줘도 좋아요. 아 참, 첨부한 이력서를 참고하라는 내용도 같이 써주어야겠죠?

그럼, 제가 앞에서 말씀해 드린 내용을 바탕으로 다시 커버레터를 작성해주세요.

그리고 영어 커버 레터와 일본어 커버 레터도 함께 작성해보세요. 일본어 메일은 일본 특유의 정형화된 비즈니스 메일 형식이 있으므로 인터넷에서 검색하신 후 잘 참고하시면 좋겠습니다.

그럼, 수고스러우시겠지만 조금만 더 힘내시길 바랄게요! 커버 레터만 완성하면 본격 영업입니다. 파이팅!

아하, 따로 파일을 만들어 작성하는 게 아니라 이메일 내용으로 적는 거구나. 그리고 공고와 관련된 경험, 하루에 번역할 수 있는 분량, 컴퓨터 능력 같은 중요 정보를 강조해야 하는구나. 또, 쓸데없이 겸손을 떨면 마이너스 요소가 되는 거고… 흐음… 왠지 전에 쓴 자소서가 부끄러운걸. 그럼 다시 써볼까?

한글 커버레터

제목 : 일한, 영한 프리랜서 번역가 지원

안녕하세요, 김미영입니다.

이번에 ○○ 사이트에서 ○○ 번역가 모집 공고를 보고 메일 드립니다. 현재 일본어 → 한국어, 영어 → 한국어 번역 프리랜서로 활동 중이며, 화장품 및 마케팅 분야를 전문으로 번역하고 있습니다.

○○ 대학 학술회 자료 일본어 번역 등의 번역 경험이 있으며, 화장품 회사 마케팅 부서에서 주임 직무로 3년간 일한 경력이 있습니다. 관광 및 IT 분야에도 관심을 갖고 있습니다. 1일 작업 가능 분량은 일한 5,000자, 영한 2,000단어이며 마이크로소프트 오피스 2018 프로그램과 한컴 오피스 프로그램을 사용하고 있습니다.

자세한 내용은 첨부한 이력서를 참고해 주시길 바라며 추가 정보가 필요하시다면 언제든지 연락 주십시오.

기회가 주어진다면 신뢰할 수 있는 번역가의 모습을 보여드리겠습니다. 감사합니다.

한국어 버전은 이 정도면 된 것 같고… 이제 일본어 버전을 써 볼까? 비즈니스 이메일 양식을 참조해 가면서 쓰라고 하셨지?

일본어 버전 커버레터

제목 : 翻訳者応募の件について

〇〇 (기업명)　〇〇様 (담당자 이름)

初めてご連絡させていただきます。キム・ミヨンと申します。

〇〇にて貴社の求人情報を拝見し、応募させて頂きたくご連絡差し上げました。

私は日本語＞韓国語のフリーランス翻訳者で、化粧品とマーケティング分野を専門に翻訳しています。

〇〇大学のシンポジウムの案内資料の日本語翻訳などの翻訳経験があり、化粧品会社のマーケティング部署で3年間働きました。観光やIT分野にも興味を持って

います。

1日の作業量は5千字で、マイクロソフト・オフィス

2018などのプログラムを使用しています。

本メールに履歴書を添付しています。お忙しいところ

恐縮ですが、翻訳テストの機会をいただければ幸いで

す。

何卒よろしくお願いいたします。

キム・ミヨン

일본어 버전은 입사 지원 이메일 양식을 참고해서 썼다.
이제 남은 건 영어 버전. 구글에서 translator cover letter와
applying to translation agency를 검색하니 자료가 많이 나오
네? 참고해서 써보자!

영어 버전 커버레터

제목 : Miyoung Kim Resume: EN>KR Translator

Dear ○○○ (담당자 이름)

I'm writing to apply for the English to Korean translator position advertised on ○○○. I'm a Korean native, working as a full time translator.

I specialize in cosmetics and marketing fields. I'm familiar with cosmetic and marketing texts as I worked as a marketing assistant and a sales person in the cosmetic business for 4 years.

I use MS office 2018 and my capacity is 2,000 words per day.

Please see attached resume which contains more information about my qualifications and experiences.

I look forward to hearing from you.

Best regards,

Miyoung Kim

다 됐다! 일단 기본 틀은 이렇게 잡아놓고 지원할 때마다
수정해서 쓰기로 하자!

번역일을 얻을 수 있는
경로는?

하린 님과 몇 번이나 이메일을 주고받은 끝에 '드디어' 이력서와 커버 레터 작성이 끝났다. 이제는 실전으로 들어갈 차례. 번역 회사에 직접 지원해 볼 때가 온 것이다.

'잡코리아'와 '사람인'에 접속해 이력서와 커버 레터를 업데이트했다. 그다음에는 번역 회사가 올린 구인 공고를 찾아 영어와 일본어 번역가를 구하는 곳에 모조리 지원했다.

하지만… 두 사이트에서 겹치는 공고를 제외하니 지원한 횟수는 열 손가락도 다 채우지 못했다. 지난번에 알아봤던 번역 회사 두어 곳의 웹사이트에 직접 지원을 하니 그제야 겨우 열 곳을 넘겼다.

번역가가 그렇게 흔한 직종이 아니란 걸 알고는 있었지만, 이건 좀 너무한 거 아냐? 회사에 취업할 때도 이력서를 수십에서 수백 통을 돌려야 겨우 취직하는데, 이래서는 합격할 확률이 너무 낮지 않을까? 모든 공고에 지원자가 최소 100명이 넘던데…

어디 더 지원할만한 데가 없을까? 아! 그러고 보니 지난번에 하린 님이 시켜서 일본어와 영어로도 이력서를 작성했었지? 해외 번역 회사도 많다고 한 것 같았는데. 해외 번역 회사의 구인 공고는 어떻게 찾지? 하린 님께 한번 물어봐야겠다. 물어보는 김에 국내 번역 회사도 같이 물어봐야지.

✉ **번역 회사는 어디서 찾아야 하나요?**

하린 님, 안녕하세요?

하린 님 덕분에 이력서와 커버 레터를 무사히 쓸 수 있었어요. 다시 한번 감사드려요! 이력서도 완성됐으니 이제 번역 회사에 직접 지원해 보려고 해요.

오늘도 메일을 쓰기 전에 잡코리아와 사람인 그리고 포털

사이트에서 찾은 번역 회사에 지원했어요! ^^

그런데 구인 사이트에 올라온 공고가 몇 개 없더라고요.

지원할 수 있는 곳에는 다 지원했는데 그래도 열 개 남짓밖에 안 됐어요. 번역가를 검색했더니 검색 결과가 고작 세 페이지밖에 안 되더라니까요? 이대로 국내만 바라보다간 일을 영영 못 구할 것 같은 느낌이 들었어요.

그래서 저번에 말씀하신 해외 번역 회사에도 한 번 도전해 보려고 해요!

혹시 해외 번역 회사 정보나 구인 공고 같은 건 어디서 찾는지 알려 주실 수 있나요?

또, 국내 번역 회사 구인 정보는 위에 적은 구인 사이트(잡코리아, 사람인)에서만 보고 있는데, 여기 말고 또 다른 곳은 없을까요?

답변 기다릴게요. 감사합니다!

✉ **안녕하세요, 미영 님!**

굉장히 적극적이시네요! 간혹 프리랜서 번역가로 한군데나 두세 군데 회사에만 이력서를 제출한 뒤 충분할 거라고 생각하시는 분들이 계시던데, 절대 그렇지 않거든요!

설령 두세 군데의 회사에 프리랜서 번역가로 등록된다고 해도 프리랜서로 일하기에는 부족할 것입니다.

사실 번역가로서 일감을 얻는 건 장기적으로 바라봐야 하는 문제예요. 지금 당장 구인 사이트에 공고가 몇 개 올라오지 않았다고 하더라도, 1년 이상 꾸준히 구인 사이트를 보며 새롭게 올라오는 공고들에 지원하셔야 합니다.

하지만 그와 함께, 국내에만 집중하기보다는 해외 번역회사들로 눈을 돌리셔야 해요. 그래야 그나마 안정적인 일감을 지속해서 얻으실 수 있습니다.

번역과 관련된 대표적인 해외 사이트를 한 곳 소개해드리자면 '프로즈닷컴(ProZ.com)'이 있습니다. 전 세계의 번역회사와 번역가들이 주로 이용하는 사이트예요.

이곳에서 번역회사가 번역가를 찾기도 하고, 번역가가 번역회사의 정보를 보고 이메일 영업을 하기도 합니다.

세계적인 사이트이기 때문에 모든 웹페이지가 영어로 되어 있어요. 하지만 어려운 단어들로 이루어진 사이트가 아니기 때문에 큰 어려움 없이 이용하실 수 있을 거예요.

모르는 단어가 나오면 바로 사전으로 검색해보면 되고요.

번역회사 리스트 메뉴를 이용하셔서 해외 번역회사들에 이메일을 보내 영업하시면 됩니다.

일본 쪽도 마찬가지예요. 일본의 주요 포털사이트인 야후(Yahoo.co.jp)에서 번역회사를 검색해보세요.

지원 방법은 국내와 같습니다. 일본 각 번역회사의 사이트에 들어가서 프리랜서 모집 공고를 찾아보고 지원해도 좋고, 번역회사 리스트를 찾아보아도 좋습니다.

방법은 무궁무진해요. 남들이 다 아는 방법이 아닌 자신만의 방법으로 검색해보고 찾아보아야 경쟁력이 있겠죠?

이 부분이 중요한 포인트입니다.

지금은 조금 막연한 느낌이겠지만 제가 실제로 실천했던 방법들이에요. 대책 없어 보이지만 실제로 저는 이런 식으로 영업해서 일감을 따냈거든요.

처음에는 어차피 당장 할 일도 없어서 아주 많은 곳에 영업을 했습니다. 밑져야 본전이잖아요.

아마도 영업을 하다가 많이 지치게 되실 거예요.

답장이 없는 경우가 수두룩하고, 답장이 와서 샘플테스트를 보내도 떨어지는 경우도 많을 겁니다.

하지만 자신의 이력서와 커버 레터, 번역에 이상이 없다면 일희일비하지 말고 묵묵히 앞으로 나아가길 바랄게요.

지금부터 시작입니다. 부디 행운을 빌게요!

하린 님의 답장을 받고 프로즈닷컴에 들어가 회원 가입을 하고 프로필을 입력했다. 메인 화면에 들어가니 과거에 모집했던 공고를 합해 약 80만 개의 번역 공고가 있었다.

저 중에 영한, 일한 번역일이 적어도 몇천 개는 되겠지? 그렇게 생각하니 마음이 약간 설레었다.

이번에는 야후 재팬에서 번역 회사를 검색해 봤다. 열 페이지가 넘는 검색 결과가 나왔다. 이렇게 많은 번역 회사와 번역일이 있으니 꾸준히 도전하다 보면 번역 일을 받을 수 있겠다는 희망이 보였다.

좋아, 지금부터 시작이다!

샘플 테스트 결과는
언제쯤 받아볼 수 있을까?

하린 님이 알려 준 정보를
토대로 국내외의 번역회사에 공격적으로 이력서를 뿌리고 다
녔다. 프로즈닷컴에서 구인 공고가 떴다는 알림 메일이 오면
항상 곧바로 확인했고 매일 번역회사 리스트를 뒤져가며 하루
에 열 군데가 넘는 회사에 이력서를 보냈다. 경력이 부족해서
인지 답장이 항상 오지는 않았지만, 언젠가 한 군데는 보내주
겠거니 기대하며 하루하루를 버텼다.

그렇게 버틴 지 약 한 달이 되는 날, 띠링 하고 메일 수신
알람이 울려 반사적으로 핸드폰을 들여다봤다.

✉ 신규 번역사 채용 관련 샘플 번역 요청 건

"어?"

드디어 왔다! 답변이 왔어!

메일에는 지원해 주셔서 감사하다는 말과 함께 최종 결정에 앞서 간단한 샘플 번역 테스트를 보겠다는 말이 적혀있었다. 아휴, 제가 더 감사하죠!

어언 한 달 만에 온 감격스러운 기회에 두근거리는 심장을 붙잡고 최대한 정성스럽게 샘플 번역을 해서 회신했다.

제발 잘 되면 좋겠다. 나도 번역회사에 합격 좀 해 보자!

누군가가 좋은 일은 연달아서 들어온다고 했던가! 며칠 뒤에는 해외 번역회사에서 샘플 테스트 요청이 들어왔다. 첫 테스트의 흥분이 채 가라앉지도 않은 상태에서 또 다른 번역회사의 답장을 받으니 그동안의 불안이 한 번에 가시는 느낌이었다.

집에 앉아서 해외 회사의 메일을 받으니 왠지 나도 글로벌 시대의 일원이 된 것만 같았다. 그런 생각에 기분 좋게 샘플 테스트를 작성해서 회신했다.

그리고 2주 뒤.

샘플 테스트의 결과는 아직도 나오지 않았다. 떨어졌으면 떨어졌다고 말이라도 해 주면 좋을 텐데 아무런 답장이 없으니 너무 답답했다. 차라리 샘플 테스트를 안 봤던 때가 기분은 더 나았다. 하도 답장이 없으니 울적해서 이력서 뿌릴 의욕도 안 났다.

원래 이렇게 오래 걸리는 건가? 아니면… 나 떨어졌나?

하린 님께 한번 상담해봐야겠다…

✉ **샘플 테스트 결과가 안 나와요.**

안녕하세요, 하린 님.

오랜만에 연락드리네요. 잘 지내고 계시나요?

저는 열심히 이력서를 돌리고 있어요. 지금은 조금 시들해지긴 했지만, 초반에는 하루에 열댓 개씩 돌렸어요.

그렇게 한 달 정도 이력서를 돌리고 나서는 첫 샘플 테스트를 봤어요. 번역회사에서 드디어 답장이 와서 얼마나 기뻤는지 몰라요.

사실 오늘 메일 드린 건 이 샘플 테스트 때문이에요.

첫 샘플 테스트를 본 지 2주도 더 됐는데 합격했다 안 했다 아무런 말이 없어서 너무 답답해요.

그 뒤로도 해외 번역회사에서 온 샘플 테스트를 하나 더 보긴 했는데 그것도 마찬가지로 연락이 없고요….

결과 나오는 게 원래 이렇게 오래 걸리나요? 테스트 자체는 짧아서 확인하는데 얼마 안 걸릴 텐데요….

아니면 저 떨어진 걸까요? 이런저런 생각 때문에 이력서 돌릴 의욕도 잃어버렸어요. 메일로 다시 물어보면 안 되겠죠?

답장 기다릴게요. 감사합니다.

✉ **안녕하세요, 미영 님.**

첫 샘플테스트 축하드려요!

맞아요. 의외로 답장이 없고, 미영 님의 의욕보다는 다들 반응들이 시원치 않죠? 첫 샘플테스트를 두근거리는 마음으로 신중하게 하셨을 텐데 답변이 없어서 많이 지치셨죠?

하지만 역지사지로 생각해보면 쉬워요.

번역 회사에게 번역가 모집은 중요한 문제이긴 하지만, 당장 클라이언트가 의뢰한 번역물들을 처리하는 게 조금 더 중요한 문제일 수도 있지요.

그리고 이미 고용 중인 프리랜서 번역가가 있을 테니, 번역 회사에서는 신규 번역가 모집이 미영 님 입장만큼 중요한 문제가 아닐 수도 있어요. 안타깝지만, 지난번 메일에서 말씀드린 것처럼 샘플테스트는 일일이 신경 쓰지 않는 편이 정신 건강 측면에서 좋습니다.

합격하면 합격했다, 떨어졌다면 떨어졌다고 말해주면 참 좋을 텐데, 떨어지면 답을 주지 않는 회사들이 많아요.

합격하면 계약 진행을 위해 답변이 오는 편이긴 하지만요.

그렇다고 쉽사리 '떨어졌구나'라고 판단하기도 어렵습니다.

해외 번역회사 중에는 샘플테스트 평가에 1달 이상이 걸리는 곳도 있더라고요.

그리고 샘플테스트 답변이 오지 않아서 잊고 있었는데, 어느 날 갑자기 일 의뢰가 오는 경우도 가끔 있긴 했어요.

그러니 우리로서는 정말 알 수 없는 노릇이니, 앞서 말씀드린 것처럼 신경 쓰지 마시고 묵묵히 영업을 계속하셨으면 좋겠습니다.

샘플테스트 합격·불합격에 일일이 신경을 다 쓰면 오래 버티기 힘들 거예요. 뚝심으로 계속 영업하셨으면 좋겠습니다.

번역일이 직접 우리에게 들어오게 만들 수는 없지만, 꾸준히 영업하면 번역일이 들어올 확률은 높일 수 있으니까요.

그럼, 조금 더 힘내시길 바라며 미영 님을 응원하겠습니다.

하린 님의 답장을 읽고 한숨을 푹 내쉬었다. 역시 그냥 기다릴 수밖에 없구나. 어느 정도 예상한 대답이긴 했지만, 알아도 기운이 빠지는 건 어쩔 수 없었다.

"아니야! 우울한 생각은 하지 말자!"

우울한 기분을 떨쳐내듯 고개를 좌우로 흔들었다. 그래, 기다리다 보면 답이 오겠지. 하린 님의 말대로 신경 쓰지 말고 영업이나 열심히 하자. 그러다 보면 좋은 소식이 오겠지. 어휴…

자리 잡기까지는
어느 정도의 시간이 걸릴까?

이력서만 열심히 돌린 지 어느새 두 달 반이 되었다. 그동안 샘플 테스트도 몇 번 더 봤지만 여전히 결과는 나오지 않았고 나는 점점 지쳐갔다.

처음에는 결과가 안 나와도 1년 반 정도는 버텨볼 생각이었다. 그때는 의욕이 넘쳤었고 끝까지 밝은 마음을 유지할 수 있을 줄 알았다. 하지만 답장도 오지 않는 이력서를 끊임없이 돌리고 결과도 안 알려주는 샘플 테스트를 치는 게 생각만큼 쉽지는 않았다. 골(goal)이 보인다면, 아니 하다못해 골이 있다는 걸 알기만 해도 힘을 내서 달리겠지만, 이건 끝없이 이어진 뫼비우스의 띠 위를 달리는 거나 마찬가지였다.

"어휴, 축 처져있으면 뭐 해. 커피나 마시자."

계속 우울한 생각을 하다가 이건 아니다 싶어서 양 뺨을 짝 때리고는 커피를 타러 주방에 갔다. 물이 끓기를 기다리며 기지개도 켜고 허리도 돌렸다. 그러고 나니 기분이 한층 나아지는 것 같았다. 핸드폰에 온 문자를 보기 직전까지는.

'○○카드 이번 달 결제 금액'

문자에 찍힌 불규칙한 일곱 자리 숫자를 바라보자 기분이 수직으로 하강했다. 왜 인간은 숨만 쉬어도 돈이 나가는 걸까? 은행 앱을 열어 카드 결제 계좌로 카드 대금을 송금하고 남은 잔액을 봤다. 퇴직 직후의 잔액과 상당히 달라진 모습에 어색함마저 느껴졌다.

하긴, 퇴직하고는 자유의 몸이라고 신나서 돈을 쓰러 다녔지. 그 후에는 취업 준비를 하면서 몇 달을 버렸고 번역가가 되겠다고 결심하고 나서는 이것저것 준비하느라 돈을 꽤 많이 썼다.

남은 돈으로 얼마나 더 버틸 수 있을지 계산하다가 문득 이런 생각이 들었다. 지금 이 막막한 상황이 언제까지 계속될지 알 수 없는데… 내가 지금 잘하고 있는 게 맞을까? 하루빨리 취업 전선에 다시 뛰어들어야 하는 거 아닐까?

어두운 생각이 꼬리에 꼬리를 물고 이어졌다. 오늘따라 이런 상황이 더 버겁게 느껴졌다. 이걸 어디에다 말할 수도 없고… 아니, 한군데 있었지. 하린 님께 상담해 볼까?

✉ **하린 님, 고민 좀 들어주세요…**

하린 님, 안녕하세요? 또 한 달 만에 인사드리네요. 잘 지내고 계시나요?

저는 여전해요. 이력서 돌리고, 간간이 샘플 테스트 보고, 심심하면 번역 공부를 하고 있어요.

예전에 하린 님께 질문드린 적이 있죠? 수입은 어느 정도고 얼마 만에 자리를 잡았냐고요. 그때 안정적인 수입을 얻기까지 3년이 걸렸다고 하셨잖아요.

그 대답을 보고 너무 부끄럽지만, '나는 하린 님께 조언도 얻을 수 있을 테니 열심히 하면 그 기간을 절반으로 단축할 수 있지 않을까?'라는 생각을 했었어요. 지금 상황을 보면 어림도 없을 것 같지만요.

아직도 샘플 테스트 결과는 못 받아봤어요. 전에 받은 하린 님 답장을 보고 끈기 있게 기다리려고 했는데 그러기가 좀 어렵네요.

사실 저는 하린 님처럼 3년을 버틸 수는 없을 것 같아요.

처음에 1년 반을 목표로 잡았던 이유도 금전적인 부분이 한 몫했어요. 벌써 몇 개월이 훌쩍 지났는데 성과가 전혀 없으니 이제는 다시 취직해야 하나 진지하게 고민이 돼요.

하린 님, 제가 목표로 설정한 1년 반이 정말 터무니없는 기간인 걸까요? 저처럼 샘플 테스트를 보고 아무 반응도 못 받는 게 정상이고 일반적인가요?

가망이 없다면 지금이라도 그만두고 취직을 해야 할지 고민이에요. 지난번부터 너무 우울한 이야기만 해서 죄송해요. ㅜㅜ

그럼 답장 기다릴게요. 감사합니다!

✉ **안녕하세요, 미영 님!**

샘플테스트 결과는 결국 오지 않았군요. 여러모로 많이 불안하신가 봐요. 이해합니다. 금전적인 부분을 무시할 수 없지요.

솔직히 저는 미영 님의 경제 상황을 모르는 상태고, 제가 미영님의 생계를 책임져드릴 수 없으니 함부로 말씀드리기는 어렵습니다.

당장 금전이 부족해서 생계가 위협받는 상황이시라면 취직하시는 게 맞는다고 생각해요. 먹고 사는 건 제일 중요한 문제니까요. 번역도 밥을 먹어야 할 수 있습니다.

하지만 그런 상황이 아니라면 후회 없이 도전해 보셨으면 좋겠습니다. 이왕 시작했으니 해볼 수 있는 데까지 해보는 게 어떨까요? 그래야 후회 없지 않을까요?

1년 반이라는 기간에 대해서 저는 어떠한 것도 보증해드릴 수 없습니다. 제가 미영 님께 직접 일감을 가져다드릴 수 없으니까요. 그것은 저의 역할이 아닙니다. 일감이 들어올 확률을 높이는 노하우를 전수해 드릴 뿐이지요.

어떤 길을 선택하든 미영 님이 결정하셔야 합니다. 하지만 지금 포기하기에는 조금 이르다는 생각이 들어요. 1년 반을 생각하셨는데, 아직 1년도 채우지 못했으며 3개월밖에 지나지 않았으니까요.

그리고 샘플테스트 결과는 거듭 말씀드렸듯이 신경 쓰지 않으시는 편이 좋습니다. 정상이라고 말할 것까지는 없지만 결과 통보가 오지 않는 일은 비교적 흔한 일이에요.

미영 님이 특별히 운이 나쁜 케이스는 아니라고 생각합니다. 왠지 헛수고같이 느껴지고 많이 지치셨겠지만, 조금만 더 도전을 계속해보시면 어떨까요?

지금 이대로 돌아서면 어쩐지 후회가 남으실 거 같아요.

여유가 되신다면 조금만 더 버티셨으면 좋겠습니다.

정말 안 되겠다는 생각이 들 때 그만두어도 괜찮지 않을까요? 그럼, 조금 더 힘내시길 바랄게요.

도움이 필요하시면 언제든지 메일 주세요.

모니터에 비친 하린 님의 답장을 한참 읽었다. 그러고 보니 본격적으로 시작한 지는 아직 세 달밖에 안 됐지. 시작할 때는 1년 반 동안 죽이 되든 밥이 되든 해보겠다고 다짐했는데, 어느샌가 초심을 잊고 있었다. 카드값 문자와 홀쭉해진 잔고에 잠시 불안해졌나 보다.

생각해보면 불안해할 이유는 없었다. 돈이 떨어질 때까지 번역가로 정착하지 못하면 다시 취직하면 되는 일이다. 설마 굶어 죽기야 하겠어? 칼을 뽑았으니 기왕 하기로 한 거 무라도 베자. 포기하더라도 일은 한 번 받아보고 포기하는 거야.

샘플 테스트 결과를 받아보지 못하는 건 흔한 일이라니까,

이젠 정말 잊어버려야겠다.

그래도 이렇게 힘들 때 하소연을 들어주는 사람이 있어서 다행이다. 하린 님이 없었으면 멘탈 부여잡기가 정말 힘들었을 거야. 좋아, 힘내자!

'CAT Tool'이 도대체 뭐지?

　　　　　　　　　　　　하린 님의 위로에 마음을
다잡고 다시 이력서를 돌리기 시작했다. 오늘도 여느 때와 같
이 프로즈닷컴에 접속해 공고를 하나씩 읽어보고 있는데, 갑
자기 어떤 문구가 눈에 들어왔다.

　"선호하는 소프트웨어 : SDL Trados, memoQ, XTM"

　'SDL Trados', 'memoQ', 'XTM', 이게 다 뭐지?

　그러고 보니 SDL Trados 라는 말은 다른 공고에서도 종종
보이곤 했다. 아니 이게 뭐길래 선호한다는 걸까? 갑자기 궁
금증이 생겼다. 나도 이 소프트웨어가 있어야 더 유리한 걸까?
포털 사이트를 켜서 SDL Trados를 검색했다.

'SDL Trados Studio - Translation Software, CAT Tool & Terminology'

검색 결과 첫 페이지에 이 문구가 보였다. 아, 이게 CAT Tool인가 보구나. 국내 번역업체의 구인 공고에서도 가끔 'CAT Tool(캣툴) 사용자 우대'라는 문구가 있어서 그런 게 존재한다는 건 알았다. 전공자들이 쓰는 무슨 좋은 프로그램 같은 게 아닐까 싶어 나중에 알아보려고 했었는데…. 번역 소프트웨어라는 걸 보니까 '구글 번역'이나 '파파고' 같은 자동 번역기의 일종인 걸까? 이번에는 인터넷 창에 CAT Tool을 검색해 봤다.

내 예상은 보기 좋게 빗나갔다. CAT Tool은 'Computer Assisted Translation Tool'의 약자로 컴퓨터를 활용한 번역 보조 도구였다. 원문을 입력하면 자동으로 번역해 주는 구글 번역 같은 번역기가 아니었다.

원문을 번역하면 그 결과를 저장해 놨다가 비슷하거나 똑같은 원문이 있을 때 활용할 수 있도록 도와주며, 원문에서 쓰이는 중요한 용어도 일관되게 번역할 수 있게 제안해 주는 편리한 프로그램이 바로 CAT Tool이었다. 이걸 TM과 TB라고 하는데, TM은 Translation Memory의 약자로 '번역 결과를 저장해 놓은 메모리', TB는 Term Base의 약자로 '주요 용어를 정리한 용어집'을 뜻한다.

번역회사에서는 CAT Tool을 활용하면 문자 수나 중복률을 쉽게 계산할 수 있고 일관된 번역을 기대할 수 있어 사용자를 우대한다고 한다. 또, CAT Tool에 입력한 원문의 양식 그대로 번역문을 입력해 줘 편집 시간도 줄일 수 있다.

이렇게 좋은 걸 왜 이제 알았지? 게다가 이 소프트웨어가 있으면 번역 회사에서 우대도 해 준다는데 진작에 좀 알아보고 살 걸 그랬다.

SDL Trados 사이트에 들어가 당장 프로그램을 구매하려 했다. 하지만 이내 결제를 멈출 수밖에 없었다. 695유로⋯ 대략 90만원⋯ 아니 뭐가 이렇게 비싸?

음⋯ 일도 없는데 이걸 꼭 사야 할까? 그래도 있으면 번역 회사에서 우대해 준다고는 하는데⋯ 일단 하린 님께 상담해 보자!

✉ CAT Tool은 언제 사는 게 좋을까요?

하린님, 안녕하세요?

저번에는 위로해 주셔서 감사해요! 덕분에 기운 차리고 열심히 이력서를 돌리고 있어요.

국내외 번역회사의 구인 공고를 보면 CAT Tool 사용자를 우대해 준다는 말이 종종 보이더라고요. 이게 뭐지? 하고 궁금해서 오늘 날 잡고 한 번 알아봤어요.

처음엔 구글 번역기 같은 건 줄 알았는데 그게 아니더라고요. 굉장히 편리한 번역 보조 프로그램인 것 같았어요.

그래서 사려고 가격을 알아봤더니 세상에, 90만 원 가까이 하는 거 있죠? 가격이 너무 비싸서 오늘은 사지 못하고 그냥 사이트를 꺼버렸어요. ㅜㅜ

하린 님도 CAT Tool을 쓰고 계시나요?

그렇다면 혹시 언제쯤 구매하셨나요? 저는 지금 일이 없는데, 언제쯤 사면 좋을까요?

조언 부탁드려요!

✉ **안녕하세요, 미영 님!**

다시 기운을 차리셨다니 다행이에요! CAT Tool까지 알게 되셨다니, 다시 적극적으로 영업하고 계시네요!

맞아요. CAT Tool은 구글 번역기 같은 자동 기계 번역기가 아니랍니다. 번역 보조 프로그램이에요. 저도 물론 사용하고 있습니다.

처음에는 사용법을 습득하기 어려웠는데, 이제는 CAT Tool이 없으면 조금 불편함을 느낄 정도로 아주 잘 사용하고 있답니다!

산업 번역 업계에 본격적으로 뛰어드신다면 CAT Tool은 꼭 사용하라고 말씀드리고 싶어요. CAT Tool 파일로 일을 의뢰하는 번역 회사가 종종 있거든요.

여러 명의 번역가가 분량이 아주 많은 프로젝트를 진행할 때도 CAT Tool로 일을 하면서 번역 스타일의 통일성을 맞추기도 합니다.

CAT Tool을 사용하는 사람만 프로젝트에 지원하길 바란다는 공고도 간혹 있습니다. CAT Tool 파일 뿐만 아니라 파워포인트나 워드 파일을 CAT Tool로 불러와서 작업하면 일일이 서식을 맞추지 않아도 되는 편리함도 있으니 CAT Tool을 쓰는 게 좋겠죠?

하지만 이 CAT Tool의 단점 중 하나가 바로 가격입니다. 말씀하신 대로 선뜻 구매할 수 있는 가격은 아니에요.

아직 일감도 받지 못했는데 CAT Tool을 구매해야 할지 많이 고민이 될 거예요.

사실 '언제부터 CAT Tool을 써야 하는 걸까?'라는 질문에, 예전에는 '처음부터'라고 답하곤 했어요.

하지만 시간이 지나면서 조금 생각이 바뀌었습니다.

물론 일감을 딸 때 CAT Tool이 필수인 프로젝트에 지원할 수 있으며 전문 번역가라는 뉘앙스를 어필할 수도 있으니 CAT Tool이 있다면 당연히 좋겠지만, 초반에 무리해서라도 사야 하는 건 아니지 않을까? 라는 생각도 들긴 해요.

금전적인 여유가 있으시고 곧 죽어도 번역을 포기하지 않겠다는 분이라면 영업을 시작할 때부터 CAT Tool을 장만하셔도 무관하다고 생각합니다.

그러면 실전에 투입되기 전에 미리 CAT Tool의 다양한 기능을 익힐 수 있으니까요.

하지만 엄청나게 무리해서 CAT Tool을 반드시 구매해야 하는 것도 아닙니다.

초반에는 보통 분량이 적은 일들이 들어올 확률이 크기 때문에 워드나 엑셀로도 충분히 번역일을 소화할 수 있거든요. 일도 드문드문 들어오니까요.

CAT Tool을 사용할 수 있는 건 확실히 강점이 되긴 합니다.
앞서 말했듯이 CAT Tool 사용자만 모집하는 번역가 모집 공고에 지원할 수 있기도 하고요.
실제로 일이 얼마나 들어올지 알 수 없기에, 일단 1개월 체험판을 사용하면서 기능을 먼저 습득해 보는 것도 좋은 방법이라고 생각합니다.
시원한 답변 드리지 못해 죄송하지만 아무래도 금전적인 문제가 얽혀있으니 미영 님께서 스스로 판단하시는 게 좋겠습니다. 잘 생각해보세요!

그렇구나… 편리하게 번역을 할 수 있어 번역가에게 꼭 필요한 프로그램이지만, 처음에 돈이 없다면 무리해서 사지는 않아도 된다는 거구나.
하지만 CAT Tool을 사서 사용 방법을 익혀두면 번역 회사에 지원할 때 확실히 도움이 된다고 했지.
흠… 고민 좀 해봐야겠다.

어떤 번역 CAT Tool을
사야 할까?

어차피 나중에 사야 할 거, 그냥 미리 사서 사용법도 익히고 영업에도 써먹는 게 좋을 것 같아 CAT Tool을 구매하기로 했다. 까짓거 허리띠 좀 졸라매고 살지 뭐. 오늘부터 커피는 인스턴트만 마신다.

처음에 봤던 'SDL Trados'를 사려고 하다가 저번에 다른 프로그램들을 봤던 것이 떠올랐다. 뭐였지 밈큐였나? 엑스 뭐였는데? 기억이 나지 않아 CAT Tool 종류를 검색해 봤다.

"아니 뭐가 이렇게 많아?"

SDL Trados, MemoQ, Wordfast, Deja Vu, Fluency, CafeTran Espresso 등등 무려 30개에 가까운 프로그램이 존

재했다. 하루 내내 정보를 알아보며 웹상에 후기가 많은 트라도스와 메모큐, 워드패스트 세 개로 후보를 추렸다.

가격은 트라도스가 90만 원, 메모큐가 80만 원, 워드패스트가 60만 원. 차이가 좀 많이 나네? 가격만 보면 확실히 워드패스트가 끌리긴 하는데 공고에서 자주 보이는 건 트라도스고… 대체 뭘 사는 게 좋을까? 하린 님께 한번 물어보자.

✉ **어떤 CAT Tool을 사야 할까요?**

하린 님, 안녕하세요? 좋은 아침이에요!

저번에 해주신 말씀 듣고 그냥 지금 CAT Tool을 사버리려고 인터넷을 보고 있어요!

그런데 CAT Tool 종류가 왜 이렇게 많나요? ㅜㅜ

종류가 한 서른 가지 되는 것 같은데 국내 웹상에서 후기가 많은 것만 추리니 트라도스, 메모큐, 워드패스트 세 개가 나오더라고요.

처음에는 공고에서 많이 보이는 트라도스를 사려고 했는데 다른 것도 가격에서 메리트가 있는 것 같아 고민하고 있어요.

대체 뭘 사는 게 좋을까요? 조언 부탁드려요!

✉ **안녕하세요, 미영 님!**

CAT Tool을 사기로 하셨군요! 적지 않은 가격인데 큰 결심하셨네요.
CAT Tool 종류가 참 많지요? ^^; 모두 하나의 CAT Tool만 쓰면 참 좋을 텐데 프로젝트나 번역회사마다 다른 CAT Tool을 쓰기도 하니 어떤 것을 선택해야 좋을지 복잡하실 거예요.
제 경우를 말씀드리자면, 저는 트라도스 스튜디오를 쓰고 있어요. 번역 업계에서 제일 보편적으로 쓰는 툴이기도 하지만, 기능이 제일 많은 툴이라고 느꼈어요.
트라도스의 기능을 모두 익혀두고 숙지했더니 다른 툴들을 사용하는 일도 그다지 어렵지 않았습니다. CAT Tool마다 특색은 있지만 TM과 TB를 활용하는 시스템은 CAT Tool 전반적으로 공통된 부분이기 때문에 그런 거 같아요.
아무래도 저는 업계에서 제일 보편적으로 쓰는 트라도스를 추천해 드리지만, 메모큐도 게임 프로젝트 등에서 많이 쓰입니다.

참고로 트라도스는 프로즈닷컴에서 매우 빈번하게 공동구매를 진행하고 있어요. 정가보다는 조금 더 저렴한 가격에 구매할 수 있으니 참고하세요! 그리고 한 달 평가판을 이용한 후 구매할 수도 있으니 이 부분도 숙지하시고요.

CAT Tool 선택에 도움이 되길 바라며, 신중하게 구매하시길 바랄게요!

업계에서 제일 보편적으로 쓰이고 기능이 많은 게 트라도스구나. 비싸긴 하지만 어쩔 수 없지….

인터넷을 찾아보니 프로즈닷컴을 통해서 사거나 가끔 공식 홈페이지에서 할인할 때를 노리면 싸게 살 수 있다고 한다. 일단 한 달 무료체험 버전을 쓰면서 할인을 노려봐야겠다. 내 통장아, 힘을 내…!

3장 번역을 하긴 하는데

미영 이야기

                    트라도스를 사고 구글을 뒤 져가며 사용법을 익혔다. 매일 이력서를 돌리며 시간이 날 때 마다 번역 공부를 했고 가끔 샘플 테스트를 봤다.

    그렇게 지낸 지 약 한 달이 지났다. 이른 저녁, 공부를 끝내 고 습관적으로 메일함을 확인했는데 낯익은 발신인이 보낸 메 일이 와있었다.

    어, 여기 내가 몇 주 전에 영한이랑 일한 번역 샘플 테스트 봤던 곳인데… 설마?

    나는 기대에 차 허겁지겁 메일을 클릭했다.

✉ Hello, Miyoung

Thanks for your patience! I'm happy to say the results of both of your tests have been to our expectations, and we would like to add you to our freelancer pool. The next step will be to set you up in our system. Please expect two onboarding mails.

미영 씨, 안녕하세요.

오래 기다려 주셔서 감사합니다! 이전에 제출하신 두 테스트 모두 합격하여 귀하를 저희의 프리랜서 풀에 등록하고자 합니다. 귀하를 저희 시스템에 등록하기 위한 2통의 안내 메일을 발송해 드렸습니다.

드디어… 드디어 합격했다! 심지어 영한과 한영 두 테스트 모두 합격했어! 너무 기뻐서 의자에서 일어나 꺅 소리를 지르며 침대로 뛰어들어 좌우로 데굴데굴 구르고 난리를 쳤다. 바깥에서 저녁 준비를 하던 엄마가 무슨 일이냐며 방문을 열고 빼꼼 쳐다볼 정도였다.

잠시 후 흥분을 겨우 가라앉히고 컴퓨터 앞에 다시 앉아 메일을 읽으며 볼을 꼬집었다. 아픈 걸 보니 꿈이 아니었다. 메일함에는 번역회사에서 보낸 새로운 메일 두 통이 어느새 와 있어서 빠르게 등록 절차를 밟았다. 나도 이제 번역회사의 프리랜서 풀에 등록된 것이다.

내 노력이 드디어 빛을 발한 것인지 그 후 일주일 동안 두 회사에서 추가로 합격 메일을 받았다. 연달아 날아오는 희소식에 하늘을 날아갈 것만 같았다.

아직 일은 받지 않았지만 벌써 어엿한 프리랜서 번역가가 된듯했다. 오늘도 합격 메일이 날아올지 모른다는 희망을 안고 지원 메일을 쓰다가 문득 떠오른 생각에 타자 치던 손을 멈췄다.

"이거 엄청나게 바빠지겠는데?"

회사 세 군데 아니 어쩌면 그 이상에서 한꺼번에 의뢰가 들어온다면 그걸 감당할 수 있을까? 프리랜서니 일정은 조정할 수 있을 테지만, 들어오는 일은 되도록 거절하기 싫은데⋯ 으음⋯ 그렇게 되면 잠자는 시간을 줄여야겠다. 엄마 눈치도 보이고 하루에 10시간씩 자는 건 슬슬 그만둘 때도 됐지. 지금부터는 하루 6시간씩 자기로 리듬을 바꿔봐야겠다.

아⋯ 이러다가 나 부자 되는 거 아냐? 아니, 부자는 오버여도 전에 다니던 회사 월급 정도는 금방 따라잡을 수 있을 것 같기도 하고?

어디 보자, 일한 번역을 하루에 7,000자씩 한 달에 약 22일간 일을 한다고 치면, 내 계약 금액이 1자당 15원이니까… 230만 원이네? 영한 번역은 단어당 40원에 계약했으니까 하루 3,000단어씩 22일간 하면… 260만 원! 오, 꽤 괜찮아!

계산기에 뜬 만족스러운 숫자를 확인하자 든든한 기분이 들었다. 아직 존재하지도 않는 돈이지만 이미 통장에 들어와 있는 것만 같았다. 가진 돈으로 오래 버티겠다고 그간 만 원짜리 티셔츠 한 장도 잘 사지 않았지만, 오늘은 왠지 5만 원짜리 옷을 사도 될 것 같은 기분이었다.

"아니, 친구들부터 만나야겠다."

인터넷 쇼핑몰을 둘러보다 갑자기 친구들 생각이 났다. 바빠지면 시간이 없을 테니 미리 얼굴 좀 봐 둬야 하는데… 사실 그동안 친구들과 만나는 걸 피하고 있었다. 내 자격지심일 뿐이지만, 될지 안 될지 모르는 번역가를 준비하면서 자신감이 많이 떨어졌기 때문이다. 하지만 지금은 즐거운 기분으로 친구들을 만날 수 있을 것 같다. 친구들에게 메시지를 보내서 만날 약속을 잡았다.

첫 일이 번역 리뷰?

합격 메일을 받은 뒤로 한 달이 흘렀지만 일은 하나도 들어오지 않았다. 여태껏 그래왔기에 기다리는 건 그리 어렵지 않았지만, 지난달 거 하게 김칫국을 들이마신 탓에 괜히 속이 아렸다. 그래도 간간이 들어오는 샘플 테스트와 합격 소식 덕에 멘탈은 붙잡을 수 있었다.

'하긴, 그렇게 술술 풀릴 리가 없지.'

합격 메일을 받기까지 마음고생을 많이 한 탓에 번역회사에 등록되기만 하면 그 후에는 꽃길이 기다리고 있을 거라 내심 기대했었다. 하지만 현실은 원래 생각대로 흘러가지는 않는 법이다. 나는 조급한 마음을 달래며 자리 잡기까지 3년이 걸렸다던 하린 님의 말을 곱씹었다.

이런저런 잡생각을 하면서 인터넷 뉴스를 대충 읽다가 메일이 왔다는 알림이 떠 메일함을 확인했다. 지난번에 합격했던 한 번역회사에서 온 메일이었다. 혹시 번역 의뢰인가 싶어 두근거리는 마음으로 메일을 클릭했다.

"…리뷰를 해 달라고?"

처음 온 의뢰 메일의 내용은 번역 요청이 아닌 빔프로젝터 매뉴얼의 일한 번역물 리뷰 요청이었다. 나는 무척 당황스러웠다. 왜냐하면…

"아니, 번역일도 해본 적이 없는데 리뷰를 어떻게 해?"

번역가로서의 첫 의뢰는 당연히 번역일 줄 알았다. 번역물을 '리뷰', 그러니까 '감수'하는 건 번역 경력이 많고 실력이 뛰어난 사람이 해야 하는 거 아닌가? 그래야 오류를 잡아내서 고칠 수 있지. 게다가 나는 기계에 대해서는 하나도 모르는데 기계 매뉴얼의 번역 감수를 어떻게 해?

한숨을 쉬며 의뢰 메일을 다시 읽었다. 마감 시간은 내일 낮 3시이고 작업 가능 여부를 회신해 달라는 말이 적혀있다. 얼른 답변해 줘야 할 것 같은데… 어떡하지? 하린 님께 물어보자!

✉️ **[긴급] 작업 의뢰가 왔는데 번역 리뷰예요!**

하린 님, 안녕하세요? 오랜만에 인사드려요!

그동안 연락이 뜸했네요. 잘 지내고 계시죠?

저는 요 몇 달 사이에 번역회사 몇 군데에 합격했어요!

합격하면 일이 바로바로 들어올 줄 알았는데 그렇진 않더라고요…. ^^

오늘 드디어 첫 의뢰 메일이 왔는데… 제목에도 썼지만 번역 리뷰 의뢰예요! 빔프로젝터 매뉴얼 일한 번역을 리뷰하라는데, 번역일도 안 해본 제가 리뷰를 맡아서 해도 될까요?

게다가 저는 기계에 대해 하나도 모르는데… 괜찮을까요?

혹시 저한테 기존에 의뢰를 맡긴 적이 있는 줄 착각하고 메일을 잘못 보낸 건 아닐까요? 아니면 번역 경력이 많지 않아도 리뷰를 맡아서 하는 경우도 있나요?

죄송하지만 혹시 보시는 대로 답변 부탁드려도 될까요?

마감 시간이 내일 오후 3시라서 안 될 것 같으면 얼른 거절해야 할 것 같아서요.

바쁘신데 죄송합니다. ㅜㅜ

✉ **안녕하세요, 미영 님!**

오랜만이에요! 잘 계셨나요?

첫 의뢰를 받으셨다니 진심으로 축하드려요!

첫 의뢰를 받긴 했는데, 리뷰 의뢰를 받으셔서 당황하셨나 봐요. 아무래도 누군가가 번역한 문장을 검수하는 일은 번역 경력이 많고 번역 실력이 뛰어난 사람이 하는 일이라고 생각하셨겠지요. 하지만 꼭 그렇지는 않습니다.

일단 리뷰에 대해서 먼저 말씀을 드릴게요. 리뷰는 번역문이 올바르게 번역되었는지 확인하는 작업입니다.

아무래도 최종 클라이언트에게 번역문을 전달할 때 틀린 점이 있으면 곤란하기 때문에 이러한 리뷰 작업을 거친답니다.

어떤 사람에게 리뷰를 맡길 것인가는 PM이나 번역회사에 따라 다르지만 제 경험상 리뷰는 반드시 경력이 많은 번역가만 맡는 일은 아니었습니다.

직접 번역한 번역가의 눈으로 볼 때는 보이지 않던 실수들이 제삼자의 눈에는 보이는 경우가 많거든요.

번역회사 입장에서도 다른 번역가에게 번역문에 대한 의견을 듣고 싶을 수가 있고요.

혹시 빔프로젝터를 학교나 회사에서 사용해보셨다면 한번 도전해 보시는 것도 괜찮을 거라고 생각해요.

빔프로젝터 매뉴얼은 그야말로 설명서일 테니까요. 파일을 보시고 내용이 어느 정도 이해가 된다고 판단되시면, 진행하시는 것을 추천해 드립니다.

리뷰 작업을 진행하겠다고 결심이 섰다면, 아래의 항목들을 중점적으로 체크해서 리뷰를 해보시면 어떨까요?

첫 의뢰라 어떤 걸 체크해야 할지 헤매실 거 같아서 노파심에 미리 코멘트를 드립니다. ^^;

- 원문과 대조하면서 오역이 없는지 체크
- 고유명사가 공식 명칭으로 올바르게 번역되어있는지 체크
- 번역에 통일성이 있는지 체크
- 띄어쓰기와 맞춤법 체크. 부산대 맞춤법 검사기를 활용해 주세요. (http://164.125.7.61/speller/)
- 비문이 없는지 체크. 주어와 서술어, 조사 등이 올바르게 쓰였는지 확인해 주세요!

- 문장의 내용이 쉽게 이해되는지 체크
- 숫자나 알파벳이 잘못 기재되진 않았는지 체크
- 원문의 뉘앙스를 번역문에 잘 옮겼는지 체크

잘 살펴보시고 꼼꼼히 리뷰를 진행하시길 바랄게요.

미영 님의 첫 의뢰, 다시 한번 축하드립니다!

경험이 많지 않은 번역가라도 리뷰를 맡을 수 있는 거구나! 누군가 나의 의견이 필요해서 의뢰 메일을 보냈을 거라고 생각하니 왠지 책임감이 솟아올랐다.

곧바로 번역회사로 작업이 가능하다고 답장을 보냈다. 그리고 한 시간도 지나지 않아 바로 번역 리뷰 의뢰 메일을 받을 수 있었다.

좋아, 번역이든 리뷰든 내가 맡은 첫 번째 일이니 최선을 다하자! 우선 오역과 고유명사, 문법을 잘 살펴보고 그다음에 문장이 잘 이해되는지, 잘못 적힌 건 없는지, 뉘앙스가 잘 옮겨졌는지 확인하면 되는 거지? 힘내자!

번역 프로젝트는
어떤 절차로 진행되는 걸까?

리뷰 작업 파일을 보내고 며칠 뒤에 번역회사로부터 PO[1]를 받았다. 나도 모르게 실수했으면 어쩌나 조마조마했지만, 다행히 별다른 말은 나오지 않았다.

PO에 찍힌 6만 원 남짓의 작업비를 보자 첫 납품을 무사히 마쳤다는 실감이 났다. 큰 금액은 아니었지만, 번역가가 되겠다고 마음먹은 뒤 처음으로 번 돈이라 뿌듯함이 컸다. 뭐든지 해낼 수 있을 것 같은 자신감도 생겼다.

---

1   Purchase Order. 의뢰한 작업 내용과 비용이 적힌 주문서. 상황에 따라 의뢰 시 또는 작업을 마친 후에 발행해 준다. 이를 바탕으로 번역회사에 인보이스를 청구하여 작업비를 지급받을 수 있다.

이제 번역을 한번 해보고 싶다고 생각하고 있던 도중, 리뷰 작업을 의뢰했던 번역회사에서 또 메일이 왔다.

✉️ **김미영 님 안녕하세요.**

신규 일한 프로젝트가 있어 연락드리오니 참여할 수 있으실지 확인 부탁드립니다. 공업 용품 제조사 ○○사의 제품 사양과 설명 문구를 번역하는 작업입니다. 전체 분량은 약 15만 자이며 이 중에서 약 30~40% 정도를 요청할 예정입니다. 이르면 다음 주부터 작업을 진행할 예정이오니 하루 평균 처리 가능한 볼륨과 주말·공휴일을 일정에 포함해도 될지 의견 주시면 참고하여 일정을 제안하겠습니다.

"우와!"

드디어 목이 빠지게 기다리던 번역 의뢰가 온 것이다. 당연히 참여할 수 있지. 시간이 없으면 만들어서라도 해야지!

곧바로 하루 작업량은 약 7천 자이고 주말과 공휴일에도 작업할 수 있다는 답장을 PM[2]에게 보냈다.

---

2 Project Manager. 번역회사에서 번역 프로젝트를 총괄하는 담당자.

작은 분량의 번역 의뢰가 왔어도 하루 내내 신났을 텐데, 이런 큰 작업에 참여하게 되다니 감개무량했다. 공업 용품에 대해서는 아는 게 별로 없지만, 기계 매뉴얼 리뷰를 무사히 마쳤던 것처럼 잘 해낼 수 있을 것 같았다.

이르면 다음 주부터라고 했지? 나도 뭔가 준비를 해야겠는데…

○○회사 홈페이지라도 들어가서 어떤 제품들이 있는지 대충 봐야 하려나? 그나저나, 번역 프로젝트는 처음이라 이게 어떻게 진행되는 건지 모르겠네. 대충이라도 알면 수월하게 작업을 준비할 수 있을 텐데.

하린 님께 물어보면 알려 주시려나?

✉ **번역 프로젝트에 대해서 알려주세요!**

하린 님, 안녕하세요?

지난번엔 하린 님 덕분에 리뷰 작업을 무사히 마칠 수 있었어요. 작업 후에 발행된 PO를 보면서 얼마나 뿌듯하던지… 감사합니다!

이번에는 더 좋은 소식이 있어요. 제가 드디어 번역 프로젝트에 참여하게 됐어요. 공업 용품 일한 번역 프로젝트라는데 이르면 다음 주부터 작업을 시작할 거래요. 아마 5만 자 정도 번역하게 될 것 같아요!

공업 용품에 대해서는 잘 모르지만, 번역회사에서 메이커의 이름을 알려줘서 홈페이지에 미리 방문해 이것저것 공부해 놓으려고 해요.

처음 참여하는 큰 작업이라 조금 떨려서 뭐라도 미리 준비하고 싶은데, 번역 프로젝트에 대해 아무것도 모르니 어떻게 해야 할지 잘 모르겠어요.

프로젝트가 어떤 식으로 진행되는 건지 대강이라도 알면 준비가 더 수월할 것 같은데 말이죠….

그래서 말인데, 번역 프로젝트의 흐름에 대해서 조금 설명해 주실 수 있나요?

또, 번역 프로젝트에 참여할 때 주의해야 할 점도 알려 주시면 좋겠어요! 그럼 답변 기다릴게요.

항상 감사합니다!

✉ **안녕하세요, 미영 님!**

공업 용품 일한 번역 프로젝트에 참여하시게 되었군요!
축하드립니다!

사실 일 한 건 한 건을 모두 프로젝트라고 말하지만, 아무래도 분량이 많은 일이 좀 더 프로젝트라는 말과 어울리는 느낌이죠?

번역 프로젝트의 흐름에 대해서 질문하셨군요. 간략하게 설명을 하겠습니다.

예를 들어 공업회사인 A라는 회사가 있다고 가정하겠습니다. A사에서 일본어를 한국어로 번역해야 하는 일이 발생했다고 합시다.

번역 수요가 발생한 A사는 번역회사에 번역을 의뢰하겠죠?
뭐, 가끔 사내의 일본어 잘하는 직원에게 번역을 맡기기도 하고 프리랜서 번역가에게 회사가 직접 의뢰하는 경우도 있겠지만 번역에 기꺼이 자본을 투자할 여유가 있는 A사는 번역회사에 번역을 의뢰합니다.

그러면 번역회사는 A사가 의뢰한 번역 프로젝트를 진행할 번역가와 리뷰어 등을 선별합니다.

이미 그 회사에 등록된 번역가 중에서 프로젝트 인원을 뽑는 경우가 많지요. 등록된 번역가는 당연히 이미 번역회사에 이력서를 보내서 샘플 테스트를 통과한 사람들입니다. 번역회사의 PM은 번역가들에게 스케줄과 프로젝트 참여 가능 여부를 묻습니다.

프로젝트에 참여할 번역가들이 모두 선별되었다면, 번역회사에서는 A사가 준 번역물들을 나누어서 번역가들에게 할당합니다.

이 과정에서 A사의 원문을 CAT Tool 파일로 변환하여 나누어주지요. 그래야 여러 번역가가 동시에 작업해도 용어 통일성을 지키기 쉽거든요.

번역 프로젝트가 시작되면 번역가들이 번역을 진행하고, 리뷰어들이 번역물을 리뷰합니다.

리뷰가 완료된 파일은 PM이 한 번 더 검수하죠. 그리고 이상이 없으면 A사에 납품합니다. 회사에 따라서 최종 클라이언트인 A사 내부에서 번역 리뷰가 발생하기도 합니다.

이 리뷰를 앞으로 납품될 파일들에 적용하기도 하지요.

세세한 부분을 제외하고 큰 흐름 위주로 간략하게 말해보자면 이런 식으로 번역 프로젝트가 진행됩니다. 조금 이해가 되셨을까요?

번역 프로젝트에 참여할 때의 주의점도 질문하셨군요.

일단 스케줄 잘 지키기가 중요하지요. 납품이 잘 이뤄져야 다른 일정에도 차질이 없을 테니까요.

번역회사에서 나눠준 프로젝트 용어집에 있는 용어를 준수하여 번역하고, 레퍼런스를 참고하는 것 또한 무척 중요한 일입니다. 그래야 전체적으로 통일성이 유지될 테니까요.

프로젝트의 규칙이 되어주는 '스타일 가이드'도 반드시 준수해야 합니다.

스타일 가이드가 마음에 들지 않는다며 자기 마음대로 번역하면, 클라이언트가 원하는 방향과 맞지 않는 번역이 되어버리고 다른 번역가들의 작업 결과물과 어울리지 않는 번역이 됩니다.

이러한 사항들에 주의하신다면 프로젝트가 그나마 수월할 거예요.

첫 프로젝트라 긴장되실 텐데 너무 겁먹지 마시고, 주어진 일에 최선을 다한다는 마음가짐으로 임하면 잘 해내실 수 있을 겁니다. 응원하겠습니다!

아하, 번역 프로젝트도 다른 여러 회사의 프로젝트처럼 프로젝트의 책임자가 있고 그 밑에서 각자 일을 분담해서 하는구나. 번역회사에서 일을 받아서 번역가에게 나누어 주고, 번역을 마친 파일을 리뷰어가 검수한 다음 마지막으로 번역회사에서 다시 검토하고 납품하는 프로세스였어.

그런데, 번역일이란 건 외국어를 한국어로 옮기기만 하면 되는 일인 줄 알았는데… 의외로 신경 써야 할 게 많네. 용어 통일도 그렇고 스타일 가이드도 그렇고. 내 생각대로 하는 게 아니라 규칙에 따라서 번역해야 하는 거구나. 주의해야겠다. 내가 용어랑 스타일 가이드를 지키지 않고 번역하면 뒤에서 감수하는 사람이 정말 힘들 테니까.

그럼 지금 이 단계에서 내가 할 수 있는 건, 의뢰회사의 홈페이지를 보고 공업 용어에 익숙해지는 것밖에 없겠는데?

나머지는 프로젝트가 시작되면 잘 숙지하고 따라야겠다. 첫 프로젝트, 너무 기대된다. 꼭 완벽하게 해내야지!

PM에게 프로젝트에 대해
질문해도 될까?

약 5만 자를 휴일 없이 매일 7천 자씩 번역할 수 있다고 말했지만, PM은 사흘에 한 번, 만 자씩 납품하도록 스케줄을 짜 주었다. 정말 다행이었다. 내가 호언장담한 것과는 별개로 막상 작업을 시작하고 나니 하루 7천 자의 번역을 소화하기가 어려웠기 때문이다.

처음 접하는 공업 용어와 부품 이름을 검색하는 데만 작업시간의 절반이 흘러갔다. 트라도스를 미리 구입해 사용법을 익혀놓아서 CAT Tool 사용에 큰 어려움이 없었던 것이 그나마 다행이었다.

사흘간 작업한 첫 파일을 겨우겨우 납품하고 한숨 돌리고 있는데, PM에게 답장이 왔다.

✉ **파일 잘 받았습니다.**

안내가 미흡했던 것 같아 다시 한번 안내해 드립니다. 다음부터는 당사의 QA[1] 가이드에 따라 X-bench로 QA 체크를 하신 후, 오류를 전부 수정한 상태의 X-bench QA 리포트를 번역 및 리뷰 파일과 함께 납품해 주세요.
지난번 리뷰 건은 일정이 급해 저희 쪽에서 QA를 돌렸고 이번에 납품하신 파일도 마찬가지로 처리하였으나, 다음 납품부터는 신경 써주시면 감사하겠습니다.

X-bench? 이게 뭐지? 그리고 QA 가이드는 또 뭐지? 그런 게 있었나? 머릿속에 물음표가 마구 떠올라 혼란스러웠지만, 이내 정신을 차리고 번역회사와 주고받았던 이메일을 뒤지기 시작했다.

---

1   Quality Assurance. 품질 보증. 번역물에 오역이나 오타가 있는지, 번역회사에서 제공한 중요 단어의 용어집과 번역이 일치하는지, 숫자가 잘못 기재되었는지 등을 확인하는 절차. 트라도스나 메모큐 등의 CAT TOOL에서는 X-bench 등의 QA 툴로 연동해서 검사하거나 자체 QA 기능을 이용해 검사하기도 한다.

그리고 등록 절차를 진행할 때 받았던 여러 문서 중에서 QA 가이드를 찾아냈다. 계약서나 NDA[2]처럼 사인해야 하는 문서가 아니었기에 열어보지도 않았던 파일이었다.

나는 허겁지겁 가이드를 읽고 X-bench라는 프로그램을 찾아봤다. X-bench는 용어나 번역의 일관성을 체크할 수 있는 번역 품질 관리 도구였다.

음, 그러니까 이 프로그램을 이용해서 QA 체크를 하면 틀린 부분들이 표시된 QA 리포트가 나오는 거구나. 나는 그걸 같이 납품했어야 하는 거였고.

X-bench는 유료 버전인 3.0과 무료 버전인 2.9가 있었는데, 무료 버전도 트라도스에 연결해서 사용할 수 있다고 해서 일단 무료 버전을 다운받아 설치했다. 그리고 두 번째 파일은 꼭 실수 없이 납품하겠다고 다짐하며 책상 위 달력에 'X-bench QA'라고 크게 적어놓았다.

두 번째 파일의 번역은 처음보다 수월했다. 비슷하거나 중복되는 문구가 많아 작업에 속도가 붙었다. 하지만 여기에도

2　Non disclosure agreement. 비밀유지 협약. 보통 번역회사는 프리랜서 번역가와 계약을 맺을 시, 번역가가 어떤 번역회사와 일하고 있는지, 어떤 문서를 번역했는지를 외부에 유출하지 않겠다고 약속하는 NDA의 작성을 요구한다.

복병이 숨어있었다. 한국어 명칭이 검색되지 않는 부품이 있었다.

이게 화장품이었다면 어떻게든 번역을 했겠지만, 잘 아는 분야가 아니라 어찌해야 할지 감도 잡히지 않았다. PM에게 물어봐야 하나? 그런데 번역가가 번역을 어떻게 하냐고 물으면 좀 이상할 것 같은데… 으음… 일단 한자 음역이라도 해서 납품해야겠다.

마음에 걸리는 부분이 있었지만, 대충 번역을 마친 후 가이드를 보며 QA 체크를 했다. 중간에 이해가 잘 안 되는 부분이 있어 긴가민가하면서 QA 체크를 했는데, 로그 파일의 결과가 가이드에 나온 예시와 달랐다.

이렇게 하는 게 맞는 건지 PM에게 물어보고 싶었지만, 가이드를 보고도 따라 하지 못하는 무능한 사람처럼 보일 것 같아 선뜻 물어볼 수 없었다. 나는 답답한 마음에 한숨만 내쉬었다.

번역하다 막혔던 단어도 그렇고 지금 이 상황도 그렇고… 이럴 때 하린 님이라면 어떻게 할까? 한번 물어봐야겠다.

✉ PM에게 질문해도 괜찮을까요?

하린 님, 안녕하세요? 잘 지내고 계시나요?

저는 지난번에 말씀드렸던 번역 프로젝트에 참여하고 있어요. 작업 들어가기 전에 의뢰업체의 홈페이지에 들어가서 나름대로 공부를 했는데도 실제 프로젝트에 들어가니 어려운 점이 많네요.

얼마 전에 프로젝트의 첫 번째 파일을 납품했는데, 제가 같이 보내야 하는 QA 리포트를 빠뜨렸던 거 있죠?

첫 납품을 했던 리뷰 건도 QA 리포트를 보냈어야 했는데 그때도 안 보내고… PM이 메일을 보내줘서 겨우 알았어요. 알고 보니 제가 처음 계약할 때 받은 안내서를 제대로 안 읽었더라고요.

아무튼, 오늘 번역하던 파일에 사전에 나오지 않는 단어가 하나 있었어요. 그 단어 하나 때문에 몇 시간이나 인터넷을 뒤졌는데도 찾을 수가 없더라고요.

그래서 일단 한자를 음역해서 적어놨는데, 뭔가 일을 완전히 다 하지 못한 느낌입니다.

그래도 일단 그렇게 번역을 마무리하고 이번에는 번역회사에서 준 가이드를 보면서 QA 체크를 했어요.

그런데 체크 후에 나온 QA 리포트가 가이드에 나온 예시와 많이 다른 거 아니겠어요? 사실 중간에 이해가 잘 안 되는 게 있었는데 그 부분은 지레짐작으로 했거든요….

사전에 나오지 않던 단어도 QA 체크 과정도 모두 PM에게 물어보고 싶었는데, 제가 무능해 보일까 봐 차마 질문할 수가 없었어요. 하지만 이대로 납품을 하자니 뭔가 부족한 듯해서 어떻게 해야 좋을지 모르겠어요.

하린 님이라면 이런 상황에서 어떻게 하셨을 것 같나요? PM에게 이런 일로 질문을 해도 되는 걸까요?

질문 때문에 이렇게 속앓이를 하다 보니, 무슨 질문이든 받아 주시는 하린 님이 더 감사하게 느껴지네요….

답변 기다릴게요. 감사합니다!

✉ **안녕하세요, 미영 님!**

와, X-bench나 QA 파일에 대해서 문의하시다니, 이제 정말 프로 번역가가 되신 거 같은데요?

일단 현재 미영 님의 문제를 짚어 볼게요.

- 모르는 단어가 있는데 PM에게 물어봐도 되나요?
- QA 체크를 했는데 가이드와 달라요! PM에게 물어봐도 되나요?

먼저 첫 번째. '모르는 단어가 있는데 PM에게 물어봐도 되나요?'라는 질문에 답해드릴게요.

상황과 사람에 따라 의견이 갈릴 수 있는 문제지만, 단순히 일본어의 의미를 모르는 단어에 대해서는 되도록 물어보지 않기를 권해드립니다.

만약에 PM에게 모르는 단어가 있어서 질문했다고 합시다. 분명 몰라서 물어본 거였는데 알고 보니 자신의 검색 능력이나 지식이 부족했던 거라면 좋은 인상을 주지 못할 것이 뻔합니다. 일본어 능력까지 의심받을 수 있겠지요.

그리고 PM이 번역가보다 일본어나 영어를 잘할 거라는 보장은 어디에도 없습니다.

실제로 제게 일을 의뢰하는 PM 중 몇몇은 일본어를 전혀 모릅니다. PM의 역할은 프로젝트 관리지 번역이 아니니까요.

그렇다면 모르는 단어가 나왔을 때 어떻게 하면 되겠냐고 물으시겠지요.

사실 '모르는 단어'가 어떤 상황의 어떤 단어냐에 따라서 답변이 달라질 수 있습니다. 단순히 일본어의 의미를 모르는 경우라면, 최대한 찾아보는 방법밖에는 없습니다.

단순히 일본어의 의미를 모르는 게 아니라 고유명사의 발음을 확인해야 한다든가, 원문의 표기가 잘못된 거 같아 확인이 필요한 경우도 있습니다.

이럴 때 저는 일단 최대한 번역은 하고, 납품할 때 그와 관련된 코멘트를 남기는 편입니다. 작업해야 할 분량이 좀 길어서 통일성을 위해 당장 확인이 필요하다거나 시급한 경우에는 그 자리에서 메일로 확인을 요청하기도 합니다.

그리고 두 번째. QA 체크를 했는데 가이드와 달라서 PM에게 문의해보고 싶으신 거군요.

일단 다시 한번 QA 가이드를 하나씩 읽어보시고 빠뜨린 부분이 있는지 확인해 보세요. 문제가 없다면 우선 해결방법을 인터넷에서 검색해 보세요.

만약에 인터넷으로 검색해도 문제가 해결되지 않는다면 PM에게 문의하셔도 좋습니다. PM에게 문의할 때는 반드시 모든 것을 꼼꼼히 확인한 후여야만 합니다.

사실 모든 프로젝트에서 QA 리포트를 요구하는 건 아니에요. 리뷰어가 기존 번역문을 수정하고, 수정한 부분을 다른 글씨 색으로 표시하는 것만으로 끝나는 프로젝트들도 많거든요.

이번 기회에 QA에 대해 잘 익혀둔다면 다음에 비슷한 프로젝트가 들어와도 좀 더 수월하게 하실 수 있을 거예요. 힘내시고 프로젝트 잘 진행하시길 바랄게요!

으음… 그렇구나… 단어의 뜻을 모르는 거라면 물어보지 말고 최대한 찾아보는 게 좋고, 고유명사나 원문이 잘못된 경우라면 PM에게 문의해도 된다는 말이지?

나는 전자니까 물어보면 안 되겠네…. QA도 일단 무턱대고 물어보지 말고 놓친 게 없는지 한 번 더 꼼꼼히 살펴본 다음에 그래도 안 되면 물어봐야겠다.

하린 님의 조언에 따라 단어를 다시 검색했다. 야후 재팬의 검색 페이지를 열 몇 페이지쯤 뒤지고 나니 그 단어의 뜻을 영어로 찾을 수 있었다. 영어를 다시 한국어로 검색하자 그 단어의 한국어 명칭이 나왔다. 너무 기뻐서 눈물을 흘릴 뻔했다.

X-bench 문제 또한 어이없을 정도로 쉽게 해결됐다. 결론부터 말하자면 돈으로 해결했다. 가이드를 보고 또 봐도 내가

잘못 한 게 없고, 인터넷을 뒤져봐도 해결방법이 나오지 않길래 X-bench 홈페이지에 내 문제점을 문의했다.

그리고 무료 버전에서는 내게 필요한 기능이 지원되지 않는다는 답변을 받았다. 결국 신용카드를 꺼내 들어 X-bench 3.0의 1년 사용료 99유로(한화로 약 13만 원)를 결제했고 이번에는 정말로(!) 약간의 눈물을 흘려버리고 말았다.

그래, 나도 회사 다닐 때 누가 잘 찾아보지도 않고 물어보면 짜증이 났는데, 내가 그런 사람이 될 뻔했네. 뭐든지 끈질기게 스스로 찾아보는 습관을 들여야겠어.

번역 마감 시간을 못 지킬 때는
어떻게 하지?

4번째 번역 파일과 QA 리포트를 PM에게 메일로 보내고 팔을 쭉 뻗어 스트레칭을 했다. 이제 남은 파일은 하나. 어느새 프로젝트의 끝이 보이기 시작했다. 이대로 며칠만 지나면 이력서에 적을 수 있는 경력 한 줄이 늘어나는 것이다.

마음 같아선 남은 파일도 얼른 번역을 끝내버리고 싶었지만, 지금은 쉬는 게 좋을 것 같았다. 어제부터 머리가 살살 아프고 속이 메슥거렸다. 오늘은 기침까지 시작된 걸 보니 아무래도 감기에 단단히 걸린 것 같았다.

집에 있는 종합감기약을 두 알 꺼내 따뜻한 물과 함께 먹고 침대에 누웠다. 처음 참여하는 번역 프로젝트라 긴장하면서 일을 했더니 나도 모르게 스트레스를 받았나 보다. 한숨 푹 자면 낫겠지. 그렇게 생각하고 편안한 마음으로 낮잠을 청했다.

하지만 그날 저녁부터 열이 심하게 오르기 시작했다. 다음 날이 되어도 열이 떨어지지 않아 병원에 가니 의사 선생님이 코에 긴 막대를 넣어 독감 검사를 했다. 결과는 양성. 단순 감기가 아니라 A형 독감에 걸린 것이었다. 며칠 전 번화가에 나가 쇼핑을 했는데 아마 그때 옮은 듯했다.

병원에서 수액을 맞고 타미플루를 처방받은 뒤 집에 돌아왔다. 열은 어느 정도 떨어졌지만, 약이 독해서 머리가 어지러웠다. 무거운 몸을 이끌고 일을 하려 해봤지만 도저히 앉아 있을 수가 없었다.

결국, 일하기를 포기하고 다시 침대에 드러누웠다. 어차피 남은 분량은 만 자 정도에, 다른 파일들처럼 중복되는 문장이 절반은 될 것이다. 생소하던 용어들도 이제 제법 익숙해져 번역 속도도 붙을 테니, 하루 날 잡고 슬슬 번역하면 되겠지.

그 후 이틀이 지났다. 나는 오전 9시쯤 침대에서 일어나 대충 씻고 컴퓨터 앞에 앉았다. 오늘 저녁 6시가 마감이었기에,

무슨 일이 있어도 번역을 끝내야 했다. 몸도 많이 회복되어 컨디션이 제법 괜찮았다.

그렇게 두어 시간 정도 번역을 하다 문득 이상한 점을 깨달았다. 이전 파일들은 제품의 크기나 색상, 모양 등의 사양 정보를 번역하는 것이라 반복되는 문장이 아주 많았다.

하지만 이 파일은 제품의 설명이 주를 이루고 있어 중복되는 문장이 거의 없었다. 게다가 익숙지 않은 전문 용어가 어찌나 많이 나오는지, 계속 단어를 검색하며 번역하느라 작업에 속도가 붙지 않았다. 시계를 보니 시침은 어느덧 정오를 향해 있었다. 이대로라면 제시간 안에 마감을 끝낼 수 없다.

으아, 아팠어도 미리 일을 해뒀어야 했는데…! 마감 못 지켰다고 잘리는 거 아냐? 어떡하지? 일단 하린 님께 물어봐야겠어!

✉ [긴급] 마감 시간을 못 지킬 것 같아요! ㅜㅜ 어떡하죠?

하린 님, 안녕하세요?
저 지금 큰일 났어요. 오늘 저녁 6시까지 마감해야 하는 일을 제시간 안에 못 끝낼 것 같아요. ㅜㅜ

며칠 동안 독감 때문에 몸이 안 좋아서 일을 미루다가 오늘 아침에 시작했거든요.

여태까지 번역했던 파일들은 중복되는 문장이 많고 실제 번역량은 얼마 안 돼서 이번 파일도 똑같을 줄 알고 그랬어요. 미리 파일을 열어 봤어야 했는데!

이럴 땐 어떡해야 하죠? 늦는 대로 번역을 해서 보내야 할까요? 아니면 PM한테 지금이라도 연락을 해야 할까요?

지금 당황스러워서 어떡해야 할지 모르겠어요….

바쁘실 텐데 죄송하지만, 답변 좀 빠르게 부탁드려도 될까요? 감사합니다. ㅜㅜ

✉ **안녕하세요, 미영 님!**

헉, 독감에 걸리셨다니! 지금은 좀 괜찮으신가요? 병원 잘 다니시고 약 잘 챙겨 드셔서 빨리 회복하시길 바랄게요.

저녁 6시까지 마감인 일이 있는데 제시간 안에 못 끝낼 거 같아서 걱정이시군요.

이럴 때는 되도록 빨리 PM에게 연락하는 게 좋습니다.

PM에게 당장 메일을 보내서 지금 상황을 말한 뒤, 납품 예상 시간을 말씀하시고 혹시 기한을 연장해줄 수 있는지 물어보세요. 그저 미안해서 납품이 늦어진다는 연락을 하지 않는다면 나머지 스케쥴이 밀려서 더 큰 피해를 줄지도 모릅니다.

PM이나 번역회사도 번역물의 납품이 늦어진다는 사실을 알아야 그에 따른 대비책을 세울 수 있을 테니까요.

자, 그러니 빨리 PM에게 연락하시길 바랍니다.

어쩔 수 없이 마감에 늦을 것 같을 땐 얼른 PM에게 연락하는 게 좋구나…. 내가 말 하지 않으면 더 큰 피해가 생길 수도 있다니 얼른 연락해야겠다.

하린 님의 메일을 읽자마자 PM에게 죄송한 마음과 변명을 가득 담아 구구절절한 기한 연장 요청 메일을 보냈다. 빨리 답이 오지 않는다면 전화까지 하려고 생각했는데 의외로 금방 답장을 받을 수 있었다.

PM에게 한 소리 들을 각오를 했었지만, 메일에는 따뜻한 걱정의 말과 함께 내일 오전 9시까지 기한을 늘려 준다는 내용이 담겨있었다.

메일을 읽자마자 긴장이 탁 풀리고 안도감이 들었다. 그때까지면 늦지 않게 작업할 수 있다. 나는 PM에게 감사 인사를 보낸 후 다시 번역 작업에 들어갔다.

후, 앞으로는 절대 늦지 말아야지….

번역 회사에서
클레임이 들어왔다!

정신없던 첫 프로젝트가 끝난 지 어느덧 일주일이 지났다. 마지막에 약간의 사건이 있었지만, 무사히 납품을 마치고 이력서에 당당히 올릴 수 있는 경력 한 줄을 얻었다. 프로젝트가 끝나고 일이 또 안 들어오면 어쩌나 걱정도 되었으나, 다행히도 다른 회사에서 번역 일감을 받았다. 마침 자신 있는 분야인 화장품 관련 번역이라서 좀 더 가벼운 마음으로 일을 할 수 있었다.

이전의 납기 지연 사건 이후, 나는 두 가지 규칙을 만들었다. 일이 들어왔을 때는 미루지 말고 하루에 처리할 수 있는 양을 나눠 꾸준히 번역할 것. 그리고 일이 끝나면 가벼운 운동을 할 것. 한번 호되게 앓은 뒤에야 깨달았다. 일도 일이지만, 편히 쉴 수 있는 연차도, 일을 대신 처리해 줄 동료도 없는 프리랜서에게는 건강 관리가 가장 중요하다는 것을.

이 규칙에 따라 오늘도 번역을 마친 후, 핸드폰으로 스트레칭 동영상을 찾았다. 하루 내내 앉아 있느라 부은 다리로 영상을 열심히 따라 하고 있는데, 핸드폰 알람이 울리며 메일 하나가 왔다. 이전의 번역 프로젝트를 함께한 PM에게서 온 메일이었다.

✉ **김미영 님 안녕하세요.**

이전에 작업하신 ○○ 프로젝트의 ○○○005 파일에서 오역 2개, 누락 5개가 발견되어 첨부의 피드백 파일로 전달 드립니다. 확인하시고 accept/reject 여부를 선택하신 후 내일 오전까지 회신 부탁드립니다. reject를 선택하셨을 경우 비고란에 이유를 적어주십시오.

파일에 명시된 사항 이외에도, ○○○005 파일에서는 오타, 띄어쓰기 오류가 다른 파일보다 훨씬 많이 발견되었습니다. 추후 작업 시 주의를 부탁드립니다.

오… 오역이랑 누락?!

깜짝 놀라서 요가 매트를 박차고 일어나 컴퓨터로 피드백 파일을 확인했다. ○○○005라면 지난 프로젝트에서 마지막에 납품했던 파일이었다.

밤을 새워가며 번역한 탓이었을까? 대학 1학년 교양 일본어 수업에서도 틀리지 않을 것 같은 기본적인 일본어 문법을 잘못 번역해 놓은 데다, 중요한 단어를 빠트려 앞뒤가 맞지 않는 문장도 있었다. 어떤 것은 단어 붙여넣기를 잘못했는지 중간중간 단어만 비어있었고, 어떤 것은 문장을 보지 못했는지 문장을 아예 통째로 빠트렸다.

전부 변명의 여지도 없는 명백한 나의 실수라는 것을 깨닫자 머릿속이 새하얘졌다. 심지어 여기에 적지 않은 자잘한 오류도 아주 많다고 했다. 마감도 늦었는데 실수까지 가득 끼얹어 버린 것이다.

'하아… 나, 잘리려나…?'

겨우 합격한 번역회사에서 잘릴지도 모른다고 생각하니 기분이 급격히 우울해졌다. 이럴 땐 어떡해야 하지? 혹시, 하린 님도 이런 일을 겪은 적이 있을까? 한번 물어봐야겠다.

✉ **클레임이 들어왔어요.**

하린 님, 안녕하세요? 잘 지내고 계시나요?

저는 또 일을 저질러 버렸어요… 저 좀 따끔하게 혼내주세요. ㅜㅜ

저번에 제가 마감에 늦을 것 같다고 말씀드렸던 프로젝트 기억하시나요? 그때 결국 마감을 미루고 늦게 납품했는데…

제가 급한 마음에 확인도 안 하고 빨리 번역하다 보니 실수를 엄청나게 많이 해버린 거 있죠?

무려 두 군데를 오역하고 다섯 군데를 누락 해버렸어요.

게다가 자잘한 오타와 띄어쓰기 오류도 엄청 많이 있대요.

PM이 메일로 주의하라고 하더라고요.

초반부터 마감을 맞추지 못해 납품도 늦은 데다가 저렇게 실수까지 해버렸으니, 저 번역회사에서는 잘리겠죠…?

겨우 합격한 번역회사인데 이렇게 잘릴지도 모른다고 생각하니 너무 우울해요.

혹시 하린 님도 이런 경험이 있으신가요?

이럴 땐 어떡해야 할까요? 알려 주시면 많은 도움이 될 것 같아요.

그럼 답변 기다릴게요. 감사합니다!

✉ **안녕하세요, 미영 님!**

지난번에 질문하셨던 그 프로젝트군요. 아무래도 납품에 늦어서 많이 초조하셨을 거예요. 그래서 평소에 안 하던 실수도 하셨을 거고요.

누락과 오역은 치명적인 실수가 맞습니다.

오타랑 띄어쓰기도 해선 안 되는 실수지요. 하지만 클레임을 받았다고 해서 이 회사와 인연이 끊길 거라고 단정할 수는 없습니다.

생각해보세요. 번역 회사는 아마 수많은 번역가에게 일을 의뢰해 왔을 겁니다. 그들이 모두 완벽하게 일을 했을까요? 그들 중 몇 사람은 미영 님처럼 마감에 늦기도 하고, 오타를 내기도 했을 겁니다.

그때마다 번역회사가 번역가들을 모두 자르지는 않았을 거라 생각합니다. 단 한 번도 실수하지 않는 번역가도 아마 없을 거고요. 물론 실수의 내용에 따라 다르긴 하지만요.

누구나 실수는 합니다. 그래서 정말 심각한 실수가 아니라면, 그 이후에 어떤 태도를 보이느냐가 미래를 좌우하지 않을까요?

클레임을 곱씹어보고 다음번에 의뢰가 들어왔을 때 더 나은 모습을 보여준다면 점점 신뢰를 회복할 수 있을 거예요.

너무 주눅 들지 마시고, 최대한 실수를 줄일 방법을 궁리해 봅시다. 아직 시작하신 지 얼마 안 되셨잖아요.

이런 일들이 한 걸음 한 걸음 성장해나가는 과정 아닐까요?

힘내세요, 미영 님!

PM에게 답변을 보낸 후, 주눅 들고 우울한 마음에 컴퓨터 앞을 떠나지 못하고 눈에 들어오지도 않는 인터넷 뉴스만 줄곧 클릭하고 있었다. 그러다 하린 님의 답변이 왔다는 알람이 떠, 재빨리 클릭했다.

하린 님이 쓴 수많은 문장 중 '인연이 끊길 거라고 단정할 수는 없다'라는 말이 처음부터 눈에 확 들어왔다.

이 말은 내게 정말 많은 위로가 됐다. 실수를 만회할 기회가 주어질 수도 있다는 말이니까. 누락과 오역이 치명적인 실수라는 말에는 조금 뜨끔했지만, 맞는 말인지라 변명할 수도 없었다. 그저 다음부터는 그런 일이 일어나지 않도록 조심 또 조심하는 수밖에.

에잇, 오늘은 푹 자야겠다. 푹 자고 내일부터 다시 새롭게 시작하는 거야!

4장 이대로 끝인 걸까?

미영 이야기

"아… 오늘도 글렀네."

하루가 다 끝나갈 때까지 영양가 있는 메일이라고는 한 통도 오지 않은 메일함을 바라보며 우울하게 중얼거렸다.

한 달째다. 무려 한 달 동안 나에게는 단 한 통의 번역 의뢰 메일도 오지 않았다. 예전 같았으면 그러려니 했을 테지만, 첫 의뢰를 받은 뒤부터 반년간 크고 작은 번역 의뢰를 받으며 쉼 없이 일해 왔기에, 이 공백이 유달리 길고 불안하게 느껴졌다.

어떻게 모든 번역회사에서 이렇게 한순간에 의뢰가 끊길 수가 있을까? 처음에는 내가 실수라도 해서 일이 안 오는 건가

싫었다. 그래서 최근에 납품했던 파일들을 하나하나 살펴봤지만, 눈에 띄는 실수는 보이지 않았다. 물론 번역회사에서 클레임이 들어온 적도 없었다.

반년간 나에게 가장 많은 일을 주었던 어떤 번역회사의 PM은 곧 새로운 프로젝트가 들어올 거라며 스케줄 확인까지 했었다. 예정대로라면 나는 2주쯤 전부터 바쁘게 일하고 있어야 했지만, 그 후로 PM의 연락은 오지 않았다.

그 PM과는 무수한 메일을 주고받으며 친밀감을 쌓아왔던 터라, 그 프로젝트가 어떻게 되었는지 아무런 말도 없는 것이 못내 서운했다. 어떤 날은 나만 빼고 다른 사람들과 일하고 있는 건 아닌지, 혼자 의심하고는 침울해하기도 했다.

설상가상으로 바쁘다는 핑계를 대며 이력서 돌리는 일도 소홀히 했던 탓에 샘플 테스트를 보자는 메일조차 오지 않았다. 이러다 큰일 날 것 같아 뒤늦게 이곳저곳 지원해 보았지만, 아직 답장은 하나도 받지 못했다.

답장을 받는다고 해도 이래저래 절차를 밟다 보면 실제로 일을 받을 수 있는 건 한참 뒤의 일일 것이다. 그런 생각을 하면 마음이 굉장히 조급해졌다. 주머니 사정이 궁해서 그런 건 아니었다. 반년간 초보 번역가에게는 과분할 정도로 꾸준히 일을 받으면서 주기적으로 수입을 올렸기에, 저축까지는 힘들어도 통장의 잔고를 그대로 유지할 수는 있었다.

돈보다는 마음의 문제였다. 일을 한창 하다가 못 하게 되니 그에 따르는 상실감이 의외로 컸다. 의뢰를 받고 일을 할 때면 누군가가 나를 필요로 한다는 생각에 내심 안도했다. 회사에 소속되지 않은 나 자신도 쓸모가 있다는 생각에 뿌듯함도 느꼈다.

하지만 아무도 나를 찾지 않으니 왠지 쓸모없는 사람이 된 듯한 기분이었다. 정년퇴직을 한 노인들이 우울증에 걸리는 이유를 이해할 수 있을 것 같았다.

"아니야. 밝은 생각을 하자."

자꾸만 땅으로 파고드는 기분을 애서 위로 끄집어 올렸다. 계속 우울한 생각만 했다간 기분이 더 안 좋아질 것 같았다. 자, 밝은 생각, 밝은 생각. 나는 의자에서 벌떡 일어나 부엌으로 가서 엄마가 사다 놓은 초코파이를 꺼내 한입 베어 물었다. 입안 가득 달콤함이 느껴지며 기분이 조금 나아지는 것 같았다.

이러고 있을 게 아니라 동네 한 바퀴 산책하면서 기분 전환이라도 해야겠다. 꼬박 한 달이나 아무런 연락이 없었으니 내일은 뭐라도 오겠지. 그래, 너무 조급하게 생각하지 말자.

몇 달도 기다려 봤는데, 이 정도는 아무것도 아니야!

갑자기 일이 뚝 끊길 땐
어떻게 해야 하지?

그러고 또 며칠이 지났다. 여전히 연락은 단 한 군데서도 오지 않았다. 긍정적인 마음으로 기다리는 것도 하루 이틀이지, 일없이 탱자탱자 노는 기간이 벌써 두 달 가까이 되다 보니 부정적으로 변하지 않을 수 없었다.

의뢰 메일을 기다리는 것도 사치스럽게 느껴질 정도였다. 요즘에는 이력서를 하루에 최소 다섯 개씩 돌리고 있지만, 샘플 테스트를 보자는 메일조차 잘 오지 않았다. 초반에 비하면 경력이 많이 생겨서 꽤 봐줄 만한 이력서가 됐다고 생각했는데, 딱히 그렇지도 않나 보다.

의뢰 메일이 안 오는 게 너무나 당연했던 초반이라면 두 달쯤은 쉽게 버텼겠지만, 의뢰 메일이 오는 게 당연했던 시기를 겪고 나니 마음이 너무나 힘들었다. 마치 애인이 없을 때는 혼자 밥을 먹거나 영화를 보는 게 아무렇지도 않지만, 애인과 사귀다 헤어지고 나면 혼자서 뭔가를 하는 게 외롭게 느껴지는 것처럼.

사실 이 모든 게 몰래카메라는 아닐까? 지금 당장 누군가 튀어나와서 '6개월간 번역가를 재미있게 체험하셨나요? 미영 님의 정성이 담긴 리뷰를 남겨주세요!'라고 외쳐도 이상하지 않을 것 같았다. 아니면 내가 이게 현실이 아니길 바라고 있는 걸지도 모르겠다.

메일함을 확인하면서도 어느새 내 마음속에는 영원히 의뢰 메일이 오지 않을 거라는 체념이 자리 잡고 있었다. '내 번역가 생활은 이미 끝나버린 게 아닐까?'라는 의문이 머릿속을 맴돌았다.

가족들도 이제 내 상황을 눈치챈 모양인지, 며칠 전에는 엄마가 요즘 일은 하고 있냐며 넌지시 물어보기도 했다. 일이 없다면 다시 취직해보는 건 어떻냐고 조심스레 권하기도 하셨다.

그래서 오늘은 번역회사에 이력서를 돌리고 구직 사이트에 들어가서 취업 정보를 알아봤다. 플랜 B라도 짜놓자 싶어 한 행동이었지만 불황이라 그런지 괜찮은 일자리가 거의 없었고 그나마 있는 몇 군데도 박봉이었다.

더군다나 근무 시간을 보니 워라밸[1]이 처참히 무너져 있었다. 이런 곳에 다시 취직해야 할지도 모른다고 생각하니 한숨이 푹푹 나왔다.

"에효…"

하, 눈앞이 깜깜하다. 마음은 갑갑해 죽겠는데 어디 말할 수도 없고… 아니 잠깐만, 하린 님이 있잖아? 그런데 질문도 아니고 하소연하는 메일을 보내도 되려나? 바쁘실 텐데 징징대면 싫어할 것 같은데…

그러고 보니, 하린 님도 이런 시기가 있었을까? 자리 잡는데 3년이 걸렸다고 하셨으니 이 정도는 아니더라도 일이 끊긴 적이 있었을지도 몰라…. 뭐라도 좋으니 조언을 구해 보자.

---

1 '워크라이프 밸런스'를 줄여 이르는 말로, 일과 개인의 삶 사이의 균형을 의미.

✉ **하린 님, 안녕하세요?**

오랜만에 인사드려요. 잘 지내고 계시나요?

저는 잘 지내고 있다고 말씀드리고 싶지만, 실은 요즘 조금 힘들어요. 그래서 하린 님께 조언 구하고 싶어 메일 드려요. 오랜만이니 좋은 소식 들려드려야 하는데 그러지 못해 죄송해요.

사실, 요새 일을 전혀 하지 못하고 있어요. 첫 프로젝트를 마친 후 6개월 동안은 일이 끊임 없이 들어왔는데, 두 달 전부터 거짓말처럼 모든 회사의 일이 뚝 끊겨버렸어요.

바쁘다는 핑계로 영업을 게을리한 탓일까요? 변명해보자면 그동안 어디 놀러 가지도 못할 정도로 바빠서 이렇게 순식간에 일이 끊기리라고는 상상도 못 했어요. 제가 너무 어리석었죠.

그동안 일이 많이 들어왔던 건 그냥 초심자의 운이었을까요? ㅜㅜ 뒤늦게나마 여기저기 이력서를 다시 보내고 있지만, 어찌 된 일인지 샘플 테스트를 보라는 메일조차 거의 오질 않아요….

아무도 날 필요로 하지 않고 내가 맡은 역할이 없다는 사실

이 은근히 마음을 좀먹는 것 같아요.

차라리 처음 이력서를 돌릴 때라면 연락이 없어도 덜 힘들었을 텐데, 한참 일을 하다가 이런 상황이 되니 이런 우울한 생각이 드네요.

내 번역가 생활은 이제 끝나버렸을지도 모른다는 부정적인 생각이 머리에서 떠나질 않아요.

일이 다시 들어올지 안 들어올지도 모르겠고, 버텨보자고 마음을 다잡아 보지만 쉽지가 않네요.

하린 님께도 이런 시기가 있었나요? 만약 있었다면 어떻게 극복하셨나요? 조금이라도 경험을 공유해 주시면 큰 힘이 될 것 같아요. 좋은 이야기만 해도 모자라는데, 이런 우울한 글 보내서 죄송해요.

그럼 답변 기다리고 있을게요!

✉ **안녕하세요, 미영 님!**

한창 일이 들어오다가, 두 달 전부터 갑자기 일이 뚝 끊겨버려서 침울한 기분이시군요. 저도 그 기분을 무척 잘 압니다. 당연히 저에게도 그런 기간이 있었으니까요.

미영 님. 첫 프로젝트 이후에 6개월 동안 일이 계속 들어올 수 있었던 이유는 무엇일까요? 그리고 갑자기 두 달 전부터 일이 끊긴 이유는 또 무엇일까요?

생각해봐도 명확한 답을 얻을 수 없을 것입니다.

프리랜서의 일은 정말 예측할 수가 없으니까요. 6개월 동안 엄청난 실수를 저지른 것도 아니지 않나요?

사실 5년 차 번역가지만 저에게도 일이 안 들어오는 기간은 분명히 존재합니다. 아직도 말이에요. 초반보다 그 기간이 줄어들었을 뿐이지, 아직도 몇 달에 한 번 정도는 1~2주일 정도 일이 안 들어오곤 합니다.

저는 이러한 상황들을 몇 번 겪었기 때문에 다시 일이 들어올 거라고 믿을 수 있는 연차가 되었어요. 하지만 미영 님은 분명 불안하실 것입니다. 저도 일이 다시 들어올 거라고 믿긴 하지만, 이런 일이 생길 때마다 불안하지 않은 건 아니니까요.

일이 안 들어오는 기간에 저는 제가 할 수 있는 일들을 생각해봅니다. 일이 없는 이 기간에 무엇을 해야 할까?

저는 평소에 번역 일 때문에 하지 못했던 다른 일들을 차근차근 하나씩 해 나갑니다.

업데이트하지 못했던 이력서를 업데이트하고, 번역가로 등록하지 못했던 회사들에 이력서를 보내 샘플테스트를 받고, 번역가로 등록합니다. 미래의 일감을 위한 씨 뿌리기 작업이지요.

이렇게 많은 영업을 하다 보면 일이 들어올 확률도 높아질 거라 생각하며 스스로를 달래곤 합니다.

과거에 프로젝트를 하면서 PM이 보내준 피드백을 다시 점검하기도 하고, 외국어나 번역 공부를 하기도 합니다. 자신의 번역에 어떤 문제가 있는지 파악하고 고치는 일은 아주 중요하니까요.

더 나은 번역을 위해 현재의 내 번역 실력을 점검하고, 번역 관련 책들을 읽기도 합니다. 번역해 보고 싶은 책이 있으면 외서 기획서[2]를 쓰기도 하지요.

그러다 보면 시간이 지나고, 다시 일이 들어오기 시작합니다. 신기하죠? 다시 일을 열심히 하다 보면, 또 일이 안 들어오는 기간이 있을 거예요. 그 기간들을 잘 견디고, 일이 없는 기간을 줄여나가도록 노력해 보는 수밖에 없습니다.

---

2 외서는 외국 서적의 줄임말. 외서 기획서는 외국에서 다른 나라 언어로 출간된 책을 한국어로 번역 출판하기 위한 기획서.

미영 님, 지금 당장 많이 초조하시겠지만 제 이야기를 참고로 해서 안심하시고 기운 내세요. 제가 응원해 드릴 테니 너무 염려하지 않으셨으면 좋겠습니다.

앞서 말씀드린 대로 이번 기회에 미영 님의 이력서나 번역을 다시 점검해보는 시간을 가졌으면 좋겠습니다.

하린 님의 답장을 읽고 굉장한 안도감을 느꼈다. 하린 님도 일이 들어오지 않는 시기를 극복하고 5년째 번역을 업으로 삼아온 거구나. 베테랑 번역가도 그렇다는데 이제 막 번역 업계에 발을 담근 내가 이렇게 세상 다 무너진 것처럼 굴면 안 되겠지.

하린 님 말씀대로 프리랜서의 일은 예측할 수 없는 거니까, 다시 번역 일이 들어올 때를 대비해서 내가 할 수 있는 일을 해야겠다. 얼마 전에 눈여겨 봐둔 영어 인터넷 강의도 들어 보고 내가 번역했던 내용도 다시 읽어보면서 개선할 점을 찾아봐야지. 물론 틈틈이 이력서도 돌리고. 내일부터 바빠지겠는데?

힘내자!

샘플 테스트에서 떨어진 회사에
다시 지원해도 될까?

              하린 님의 답장을 읽고 초
심으로 돌아가 다시 이력서 돌리기에 매진했다. 프로즈에 올
라오는 번역 일감은 보통 빨리 지원하는 사람에게 기회가 간
다고 들었기에 공고가 뜨면 최대한 빠르게 지원했다.

하지만 타이밍이 늦은 것인지 아니면 내 경력이 부족한 것
인지 돌아오는 답장은 없었다. 올라오는 공고만으로는 부족해
서 프로즈에서 한국어를 다루는 번역회사를 검색해서 회사 홈
페이지에 들어가 직접 지원도 했다. 결과는 역시 마찬가지였
지만.

하린 님의 조언에 따라 남는 시간에는 영어 인터넷 강의를

듣거나 번역 공부를 하며 보냈다. 일이 없다고 멍하니 있기보다 조금이라도 생산성이 있는 활동을 하니 우울감도 줄어들고 일상에 약간의 활기가 생겼다.

한참 인터넷 강의를 듣다가 잠깐 쉬려고 주방으로 가 커피 끓일 물을 올렸다. 전기 포트에서 물이 보글보글 끓는 소리를 들으며 잠깐 멍하게 있는데 핸드폰 알람이 울려서 얼른 확인했다. 프로즈에 올라온 일감 공고였다. 프로즈 사이트에 들어가서 내용을 확인해 보았다.

💻 Dear colleagues,

We are looking for a long term collaboration with translators of the following languages:

EN〉DE; EN〉JP; EN〉ES; EN〉KO[1]; EN〉RU;
The source text is about the IT industries.
There will be a sample test.

---

[1] 번역 일감 공고를 보면 EN〉KO, EN〉JP 등으로 번역 언어 쌍을 각 언어의 약자로 적는 경우가 많다. 위의 예시는 EN(english), KO(Korean), JP(Japanese), DE(Deutsch), ES(Espanol), RU(Russian)이다.

Please attach your CV in the email and specify your best rate and which CAT tool you can use.

Thank you for showing interest in our job and looking forward to hearing from you.

하기의 언어와 관련하여 장기 프로젝트를 진행할 번역가를 모집합니다.

EN〉DE; EN〉JP; EN〉ES; EN〉KO; EN〉RU;
번역 텍스트는 IT 분야 관련 텍스트입니다.
또한, 샘플 테스트를 볼 예정입니다.

이메일에 이력서를 첨부해 주시고 단가와 사용 가능한 CAT Tool을 적어주십시오.

본 공고에 관심을 보여주셔서 감사드리며 많은 지원 기다리고 있겠습니다.

언어 쌍에 'EN>KO'가 있네? 그럼 영한 번역일이니까 나도 지원할 수 있겠다. IT(정보통신) 관련 일은 예전에 몇 번 해봤으니까 괜찮을 것 같고···. 샘플 테스트도 있구나. 얼른 지원해야지.

나는 커피에 물도 붓지 않고 바로 컴퓨터로 가서 이메일을 썼다. 내 소개를 약간 적은 다음 공고에 나온 대로 내 번역 요율과 어떤 CAT Tool을 사용하는지 적고 이력서를 첨부했다.

그다음 번역회사의 이메일 주소를 받는 사람 칸에 적는데, 어째선지 메일 주소가 자동 완성이 되는 것이었다. 조금 이상해서 메일을 임시 저장하고 받은 메일함을 뒤졌다. 그리고 그 이유를 알게 되었다.

예전에 실수로 다 적지도 않은 메일을 그냥 보내버린 전적이 몇 번 있어서, 메일을 다 작성한 다음에 메일 주소를 적곤 했다. 그래서 미처 알아채지 못했다. 내가 예전에 이 회사의 샘플 테스트에서 떨어졌었단 사실을···.

예전에 한 번 떨어졌었는데 또 이력서를 보내도 되려나? 예전에 떨어진 사람이라고 기회도 안 주는 거 아냐? 하지만 그때는 패션 관련 프로젝트라서 지금 것과는 분야가 조금 다르기는 한데···. 일단 하린 님께 물어보자!

✉️ 한번 떨어진 번역회사에 또 지원해도 되나요?

하린 님, 안녕하세요?

잘 지내고 계시나요? 하린 님 덕분에 저는 요즘 잘 지내고 있어요. 인터넷 강의도 듣고 운동도 하니 우울해질 틈이 없더라고요.

요새는 예전보다 이력서를 훨씬 많이 돌리고 있어요. 아직 결실은 없지만 그래도 하린 님 말씀대로 할 수 있는 한 열심히 버텨보려고 해요!

오늘도 프로즈에 올라온 IT 프로젝트에 지원하려고 했는데 알고 보니 그곳이 제가 예전에 샘플 테스트까지 보고 떨어졌던 번역회사더라고요.

그래서 궁금한 게, 한 번 떨어진 번역회사에 또 지원해도 되는 걸까요? 그때는 패션 프로젝트라서 이번 건과 분야가 조금 다르긴 한데, 패션 번역도 떨어진 사람이 IT 번역을 하겠다고 하면 그쪽에서 어떻게 생각할지 걱정도 되고요….

성가시게 군다고 메일이 차단당하지는 않을까 걱정돼요.

그리고 지원했을 때 답장이 없던 회사에도 또 지원해도 되는지 궁금해요! 공식적으로 샘플 테스트를 본 적은 없던 회사라 또 보내도 괜찮을 것 같긴 한데 조금 망설여져요.

그럼 답장 기다리고 있을게요! 감사합니다!

✉ **안녕하세요, 미영 님!**

다시 기운 내서 영업해보려 하시는군요! ^^

의욕을 되찾으신 거 같아서 정말 다행입니다. 예전에 이력서를 보낸 곳에 또 이력서를 보내도 되는지 궁금해하셨는데요.

회사에 따라 다르겠지만, 만약에 떨어진 후 특정 기간은 다시 지원할 수 없다는 내용이 없다면 별문제가 없으리라 생각됩니다.

그리고 그때는 패션 번역 프로젝트였고 지금은 IT 번역 프로젝트이니 분야가 다르잖아요? IT 번역에서는 그 회사가 원하는 번역을 보여줄 수도 있으니 한 번 시도해 보는 것이 좋을 거라고 생각합니다.

공식적으로 IT 샘플 테스트를 본 적이 없는 회사라고 하니 더욱더 괜찮을 듯합니다.

솔직히 저도 그쪽에서 미영 님의 이력서를 또 받아줄지 확

답은 못 합니다. 하지만 이력서를 안 보내고 그냥 포기하는 것보다는 보내는 편이 밑져야 본전 아닐까요?

만약 그쪽에서 미영 님의 이력서를 더는 열람하고 싶지 않다고 생각한다면 샘플테스트를 보지 않겠지요. 그런데 그렇게 된다고 한들 미영 님에게 큰 피해가 있을까요?

저의 개인적 의견일 뿐이지만 긍정적으로 생각해보셨으면 좋겠습니다. 다시 용기를 내보세요. 저는 언제나 미영 님을 응원하고 있으니까요. 감사합니다!

하린 님의 답장을 읽고 부랴부랴 그 회사와 주고받았던 메일을 뒤져 보았다. 다행히 샘플 테스트에 떨어지면 일정 기간 지원을 할 수 없다는 말은 적혀있지는 않았다.

그래, 밑져야 본전이다. 일단 지원해 보자. 답장이 와서 샘플 테스트를 보게 되면 최대한 열심히 하면 되는 거고, 아니면 다른 곳에 또 지원하면 되지 뭐. 긍정적으로 생각하는 거야!

번역 경력이 없는 분야에
지원할 때는
어떻게 해야 할까?

이력서는 열심히 돌리고 있지만, 여전히 번역회사로부터 연락은 오지 않았다.

지금 하는 노력만으로는 부족한가? 뭔가 새로운 길을 찾아야 하려나? 내가 영상 자막 번역이나 특허, 의학 같은 전문 분야를 다룰 줄 알았다면 더 좋았을 텐데….

전에 한 번 특정 분야의 번역에 관한 정보를 찾아본 적이 있다. 하지만 전문 분야는 관련 경력이나 학위가 없으면 번역하기가 어렵고 지금부터 공부한다고 해도 많은 시간과 노력이 필요하다. 길게 보고 준비하는 건 나쁘지 않지만 지금 당장 도전할 수 있는 분야는 아니다.

영상 번역도 전용 프로그램 다루는 법을 배워야 하는 데다 글자 수에 많은 제한이 있는 영상 번역의 특성상 긴 대사를 함축해서 번역하는 훈련도 필요하다. 이것도 지금 당장은 무리다.

재능 판매 사이트를 통해서 번역일을 해볼까도 생각했다. 하지만 이쪽은 단가가 처참했다. 사이트에 프로필을 등록하고 의뢰인들과 1대 1로 단가 협의를 하는데, 세상에나. 가상 화폐 관련 전문 문서, 심지어 폰트 크기 8에 줄 간격을 최소로 맞춘 보기에도 숨 막히는 빽빽한 문서를 한 장에 만 원도 안 되는 가격에 번역해 달라는 게 아닌가?

원래대로라면 한 장에 몇만 원은 훌쩍 넘는 양이었는데 말이다. 게다가 받는 금액도 낮고, 의뢰인이 나에게 지급하는 번역 대금의 15%가 넘는 돈을 중개 수수료로 사이트 쪽에 내야 했다.

다른 의뢰인들도 사정은 마찬가지라 이쪽은 금방 접어버렸다. 재능 판매 사이트에서 품질 문제가 종종 일어난다는 말을 들은 적이 있는데, 그 이유가 이해됐다. 그곳에서 내건 '초저가 고품질'이라는 슬로건만큼 밸런스가 안 맞는 단어 조합이 있을까?

"으아아~ 뭐 좋은 거 없냐, 아아!"

아무리 생각해도 답이 안 나오는 상황에 가슴이 답답해져 머리를 쥐어뜯으며 소리를 지르다가 아까 핸드폰 알람이 울렸던 게 생각났다.

"아, 일감이 올라왔네."

핸드폰을 확인하니 프로즈에 새로운 일감이 올라왔다는 메일이 와 있었다. 관광 분야 장기 프로젝트라··· 에이, 좋다 말았네. 경력이 없는 분야라 지원도 못 하잖아.

잠깐.

관광이면··· 조금 도전해 볼 수도 있지 않을까? 의학, 특허를 몇 년 공부하거나, 처참하게 낮은 단가로 노동을 하는 것보다는 이쪽이 좀 더 허들이 낮을 것 같은데? 그래, 나도 나름대로 여행도 다녀 봤고 워킹홀리데이도 갔다 온 경험이 있잖아. 이 정도면 관광의 프로 아냐?

아니, 그런데··· 생각해 보면 내가 병원에 여러 번 가 봤다고 해서 의학 번역을 시켜주지는 않잖아··· 경리팀 업무 몇 번 해 봤다고 회계 번역을 시켜주는 것도 아니고··· 여행 좀 가봤다고 관광 번역을 할 수 있을까?

으음··· 막힐 땐 하린 님께 물어보자!

✉ **경력이 없는 분야에 지원해도 될까요?**

하린 님, 안녕하세요?

즐거운 하루 보내고 계시나요? 저는 오늘도 여전히 이력서 돌리기에 매진하고 있어요.

사실 요즘 꽤 열심히 이력서를 돌렸는데도 결과가 시원찮아서 새로운 길이 뭐 없을까 고민하고 있어요.

하지만 의학 같은 전문 분야나 영상 번역 쪽은 제가 당장 도전하기 어려워서 포기했고, 국내 재능 판매 사이트는 의뢰자 쪽에서 요구하는 단가가 너무 낮아서 도저히 할 수가 없었어요.

아니 글쎄 가상통화 백서 일한 번역을 장당 8천 원에 해달라고 하더라니까요. 폰트 크기를 엄청 작게 줄여서 글자 수도 많았는데… ㅠㅠ

아무튼, 그렇게 고민만 하고 있는데, 관광 번역 프로젝트 일이 방금 프로즈에 올라왔더라고요. 이 공고에 지원해보고 싶은데 제가 관광 쪽은 번역을 안 해봐서 고민이에요.

지금까지 경험이 없는 분야의 일에는 지원을 안 하고 있었거든요. 그래도 여행은 조금 다녀본 편이라 어떻게 해 볼 수

있지 않을까 싶긴 한데… 여행 몇 번 다녀 봤다고 관광 번역을 시켜줄지 걱정이에요… ㅜㅜ

이렇게 경력이 없는 분야에 지원해 봐도 될까요?

만약 된다면 어떤 식으로 절 어필해야 일을 하게 될 확률이 높아지는지도 조언 부탁드려요!

그럼 답장 기다릴게요. 항상 감사합니다!

✉ **안녕하세요, 미영 님!**

의학 같은 전문 분야는 엄두가 안 나고, 국내 재능 판매 사이트는 너무 단가가 낮죠?

저도 그 마음 이해합니다. 번역할 사람은 많은데 일감은 적은 거 같고, 그렇다고 특별한 전문 지식이 있는 것도 아니고. 이렇게 고민하던 중에 프로즈에 관광 번역 일이 올라왔다고 말씀하셨는데, 경력이 없는 분야에 지원하고 싶은데 과연 지원해도 될지 걱정이 많으신 거 같아요.

사실 제 전문 분야 중 하나는 관광 번역이랍니다. 제가 제일 많이 번역하는 분야기도 해요.

외국 관광지의 안내문들을 한국어로 번역하는 일이죠.

관광지뿐만 아니라 관광지 주변 맛집, 쇼핑몰 안내나 홈페이지도 번역합니다. 일감이 아주 많은 분야라고 할 수 있지요. 제가 어떻게 관광 번역을 주요 전문 분야로 삼을 수 있었을까요?

사실 저도 관광이나 여행 업계에 특별한 이력이나 경력이 있었던 건 아니었습니다. 그저, 여행을 좋아할 뿐이었어요. 관광 안내문이나 관광지 홈페이지 번역 등을 하고 싶긴 했지만, 이렇다 할 내세울 경력이 없었죠.

하지만 저는 도전했습니다. 돈도 필요했고, 관광 번역 일을 해보고 싶었으니까요. 그리고 여행을 좋아해서 어느 정도 자신이 있었어요.

관광 번역 프로젝트 모집 공고에 지원하면서, 제가 여행을 좋아하고 관광 번역을 잘 할 수 있다는 걸 적극적으로 어필했습니다.

그러자 기회가 주어졌고, 그 기회들이 쌓이고 쌓여 관광 번역을 제 전문 분야로 내세울 수 있게 되었습니다. 지금은 저에게 들어오는 일 중 70% 정도가 관광 번역입니다.

사실 우리는 살면서 생각보다 많은 경험을 합니다. 지원하는 분야와 관련된 경험들이 있는지, 삶을 되돌아보세요.

자신이 무엇에 관심을 가졌고 흥미를 느꼈는지 생각하다 보면, 그쪽 분야에 자신도 모르게 지식이 쌓여 있다는 사실을 깨닫게 됩니다. 그러다 보면 자신이 할 수 있는 번역들이 의외로 많다는 것도 알 수 있습니다.

그러니 미영 님도 한번 도전해보면 어떨까요?

최선을 다해 어필해보세요. 만약 관광 번역 일감을 획득했다면 관광 번역이 무엇을 위한 번역인지, 누가 읽는 글인지를 잘 생각해보시고 번역해 보세요.

생각보다 관광 번역은 우리 주변 가까이에 있답니다.

매끄럽고 자연스러운 뉘앙스의 한국어가 필요한 번역이지만, 미영 님의 글솜씨라면 충분히 가능할 거라 생각해요.

도전해보시고 좋은 결과가 있다면 꼭 알려주세요. 같이 축하해 드리겠습니다.

언제나 응원하는 하린으로부터.

하린 님도 관광 분야 번역 경험이 없었는데, 여행 경험과 잘할 수 있다는 자신감을 어필해서 일을 따냈던 거구나. 그럼 나도 워킹홀리데이 중에 일본 전국 일주를 했던 걸 어필해 봐야겠다.

또 여행지 팸플릿이나 호텔 홍보 글을 많이 읽어서 익숙하니 관광 홍보 문구를 자연스럽게 번역할 수 있다고 말해봐야지.

내가 했던 경험을 돌아보고 활용하라는 건 처음에 이력서를 썼을 때도 들었던 말인데, 자신감이 떨어지다 보니 '내가 감히 이런 걸 해도 되나'라는 생각이 많이 들어서 어느새 잊고 있었다.

앞으로는 관광 분야뿐만 아니라 다른 분야들도 이렇게 도전해 봐야겠다!

PM에게 일감이 있는지
먼저 물어봐도 될까?

하린 님의 조언에 따라 새로운 분야의 번역 일감에도 열심히 지원했다. 지원하는 분야와 관련 있는 경험이라면 학생 시절에 있었던 일도 끄집어내서 메일에 적었고 경험이 잘 기억나지 않을 때는 몇 년 전 SNS에 쓴 글까지 뒤져봤다. 이런 노력 덕분인지 요즘에는 종종 샘플 테스트를 볼 수 있었다.

샘플 테스트 때문에 번역회사와 연락을 주고받을 때면, 당장 일이 들어온 것도 아니지만 왠지 마음이 놓였다. 어쨌든 번역회사에서 내 존재를 안다면 일을 줄 확률이 있는 것이기에.

그 확률을 높이기 위해 샘플 테스트에도 예전보다 신경을 더 많이 썼다. 평소에 몇 시간이면 끝나는 걸 최소 한나절은 붙들고 있었으니까.

그 노력이 빛을 발했는지 오늘은 드디어 합격 메일을 받았다. 홈페이지에서 번역가를 수시모집하는 회사에 지원했던 것이라 아마 곧바로 일을 주지는 않겠지만, 오랜만의 합격 소식은 그 자체로도 너무나 기쁜 일이었다.

나는 콧노래를 흥얼거리며 NDA와 계약서를 작성해 번역회사에 보냈다. 한 번 좋은 일이 생겼으니 이 슬럼프도 이제 곧 끝나겠거니 생각하면서.

그 후 일주일이 지났다. 새로 합격한 회사에서 일을 곧바로 주지는 않겠지만, 그래도 오매불망 기다리게 되는 건 어쩔 수 없었다. 사람 마음이 화장실 들어갈 때와 나올 때가 다르다더니 그게 바로 내 이야기였다.

핸드폰에 알람이 울리면 혹시 싶어서 잽싸게 메일을 열어봤다가 실망한 적이 한두 번이 아니었다. 방금도 핸드폰을 확인하고는 맥이 다 빠져서 컴퓨터 앞에 멍하니 앉아있던 참이었다.

아, 얼른 일이 들어와서 이 슬럼프에 종지부를 찍어야 하는데… 마냥 기다리는 것도 성미에 안 맞고. 그냥 일이 있는지 먼저 물어볼까? 그러면 마음이 편할 것 같긴 한데, 이런 거 물어봐도 되려나? 귀찮은 질문 한다고 일도 안 주고 차단해 버리면 어떡하지?

하린 님이 예전에 PM한테 성가신 질문은 하지 말라고 하셨는데… 하지만 그렇게 복잡한 질문은 아니니까… 이 정도는 괜찮지 않을까?

나는 바로 메일 창을 열어 PM에게 메일을 썼다. 이번에 합격한 김미영이라고 나를 짧게 소개하고는 혹시 지금 그쪽에서 진행하고 있는 일한이나 영한 번역 프로젝트가 없는지 물었다…. 아니, 물어보려고 했다. 클릭 버튼 하나만 누르면 되는데 이상하게 손가락이 떨어지지 않았다. 으음, 물어보면 안 되는 건데 괜히 물어봤다가 찍히면 어떡하지?

메일 보내기 버튼 위에 커서를 올려놓고 보낼지 말지 한참을 고민했지만, 어차피 내가 할 일은 정해져 있었다. 이럴 땐 하린 님께 먼저 물어보자!

✉ **PM에게 일감이 있는지 먼저 물어봐도 될까요?**

하린 님 안녕하세요! 잘 지내고 계시죠?

저도 여기저기 이력서를 돌리면서 잘 지내고 있어요! 이력서를 전보다 더 열심히 돌려서 그런지 요즘에는 샘플 테스트도 종종 보고 있어요. ^^

일주일 전에는 한 번역회사에 합격해서 오랜만에 계약서에 사인도 해 봤어요! 처음 번역회사에 합격했을 때 생각도 나고 정말 기쁘더라고요.

그런데, 그 회사에는 프로즈에 올라온 일감을 보고 지원한 게 아니라 회사 홈페이지에서 직접 지원한 거라서 일감이 바로 오지는 않을 것 같아요.

다른데도 보통 몇 달 있다가 일을 줬으니까요. 합격해도 일을 안 주는 곳도 있고요. 이런 사실을 알고는 있어도 자꾸 기다리게 돼요. ㅜㅜ

그래서 말인데요, 혹시 PM에게 일감이 있는지 제가 먼저 물어봐도 될까요?

물어보고 싶은 마음이 굴뚝같지만, 괜한 질문을 했다가 찍히면 어떡하지라는 생각에 걱정이 됩니다.

사실 아까 메일을 보낼 뻔했는데, PM을 성가시게 하면 안 된다는 하린 님의 말씀이 생각나서 꾹 참고 하린 님께 먼저 여쭤봐요. 조언 부탁드려요!

그럼 답변 기다리고 있을게요. 감사합니다!

✉ **안녕하세요, 미영 님!**

종종 샘플 테스트를 보시며 번역회사에 등록하고 계신다니, 곧 좋은 결실이 있으리라 생각됩니다.

하지만 막상 실제로 일이 오고 있진 않아 초조하고 궁금해하시는 거 같아요.

PM에게 일감이 있는지 물어보고 싶으시죠?

하지만, PM에게 일감이 있냐고 물어보는 것을 추천해 드리고 싶지는 않습니다. 어떻게 아냐고요? 제가 해봤거든요.

PM이 우리에게 일을 주지 않는 이유는 다양합니다.

그 회사에 미영 님께 맡길만한 일본어나 영어 번역일이 없을 수도 있고, 기존에 활약하던 다른 번역가가 아무런 문제없이 잘하고 있어서 미영 님께 연락을 하지 않는 것일 수도 있습니다.

미영 님께 의뢰하기엔 분야가 맞지 않는 일이라 연락을 하지 않을 수도 있지요.

그래서 굳이 PM에게 연락해서 일감이 없냐고 물을 필요가 있을까 싶습니다. 연락한다고 해서 일감을 줄까요?

연락한다고 해서 미영 님께 맡길 예정이 아니었던 일을 미영 님께 맡길 확률이 얼마나 될까요?

PM 입장도 한번 생각해보세요. 우리와는 달리 PM은 회사원입니다. 회사 사무실에서 상사, 동료와 함께 일하는 PM에게는 중요한 일이 많을 것입니다. 프로젝트 관리뿐만 아니라 사내 보고서를 작성할지도 모릅니다.

물론 번역가와 커뮤니케이션을 하는 것도 그들의 일 중 하나겠지요. 하지만 미영 님이 회사에 다녔을 때를 생각해보세요. 다른 일들이 있는데 프리랜서에게 "요새 일없나요?"라는 메일을 받으면 PM에게 '김미영 씨에게 답장하기'라는 일이 하나 더 추가됩니다.

아마 메일을 보내도 친절하게 답변은 해줄 거예요. '미안한데 지금 김미영 씨에게 맞는 일이 없다'라는 식의 내용으로요.

하지만 굳이 저 질문을 해야 하는지 생각해봅시다.

'나는 언제든 일할 수 있다'라는 적극적인 태도를 보일 기회일지도 모르지만, '나는 지금 번역일이 없어 한가하다'라는 신호를 보내게 되는 것일 수도 있지요.

그러므로 저는 문의하지 않기를 추천합니다.

긍정적인 효과를 보증하기 어려우며, 부정적인 측면이 발생할 소지가 있다면 굳이 그 행동을 하지 않는 게 좋을 거라고 생각해요.

회사에서 미영 님이 필요할 때 미영 님께 연락을 하지 않을까요? 그게 제일 이상적이기도 하고요.

그럼, 어떤 결정을 하든 잘 생각해보시길 바랍니다.

맞아, 나도 회사 다닐 때 일이 늘어나는 걸 제일 싫어했었지. 메일 쓰는 것도 일이라는 걸 잊고 있었어. 그리고 그렇게 메일을 보내면 일이 없는 한가한 사람처럼 보일 수도 있다는 걸 미처 생각 못 했네.

조금 비약이지만, '한가하다 → 일이 없다 → 실력이 없다'라는 식으로 생각할 수도 있으니까. 메일을 보내기 전에 하린 님께 물어보길 잘했다.

하긴, 프리랜서 번역가라는 게 원래 그런 거였지.

한 회사에 종속된 게 아니니까 자유롭게 일할 수 있지만, 그만큼 안정성도 적은 직업. 내가 직접 이 길을 가겠다고 선택해놓고, 번역회사에 왜 일을 안 주냐고 따지는 건 말이 안 되는 일이지. 번역회사에 일을 맡겨놓은 건 아니니까….

　마음을 비우고 이력서나 돌려야겠다. 합격한 회사가 하나
라도 늘어나면 일이 들어올 확률이 늘어날 테니까!

이제 나도 번역가!

"아, 오늘도 바빠 죽겠다!"

쉴새 없이 타자를 두드리다 모니터 아래쪽에 조그맣게 뜬 새 메일 알람을 보고 짜증 섞인 목소리로 중얼거렸다. 알람을 클릭해 메일을 확인하니 아니나 다를까 긴급 번역의뢰가 와 있었다. 300 단어밖에 안 되는 데다가 그리 어렵지도 않아 넉넉잡아 한 시간 정도만 투자하면 되는 일이었다.

하지만 번역 프로젝트 2개를 동시에 진행하느라 밥 먹고 화장실 갈 시간도 모자란 지금, 한 시간의 추가 노동은 나에게 엄청난 부담이었다. 이건 힘들겠다고 빠르게 결정하고 거절

답장을 쓰던 도중 문득 몇 달 전의 일이 떠올랐다.

오랫동안 일이 들어오지 않아 굉장한 마음고생을 했었다. 그때는 저녁마다 '오늘도 글렀네'라고 말하는 게 일상이었는데… 매일 이력서를 돌리며 제발 번역의뢰 하나만 들어와 달라고 무교임에도 불구하고 그렇게 많은 기도를 했었다.

그때를 떠올리니 지금 내 상황이 사치스럽게 느껴졌다. 감히 들어온 의뢰를 거절하려 하다니 배가 불렀구나, 김미영.

나는 죽 써 내려가던 거절의 말을 지우고 대신에 '작업 완료 후 회신 드리겠습니다'라는 짧은 한 문장을 적어 넣었다.

여러 달 동안 이어졌던 소득 없는 나날은 프로즈에 올라온 장기 IT 번역 프로젝트에 합격하며 막을 내렸다. 샘플 테스트를 보고도 한동안 답이 없어 떨어진 줄로만 알았는데, 무려 5주나 지나서 연락이 왔다. '합격했으니 다음 주부터 프로젝트를 진행하겠다'라는 메일을 받고 얼마나 황당하던지.

게다가 일은 왜 꼭 한꺼번에 몰려 들어오는 건지 모르겠다. IT 번역 프로젝트가 시작되자마자 신규로 합격했던 회사에서도 갑자기 자잘한 일을 계속 던져주더니 최근에는 제법 큰 관광 번역 프로젝트에도 나를 투입해버렸다.

얼마 전까지만 해도 모니터를 보며 손가락만 쪽쪽 빨고 있었는데, 이제는 내 손가락이 보이지도 않을 정도로 빠르게 타자를 쳐야 겨우 일을 마칠 수 있게 되다니 사람 일은 어떻게 될지 모르는구나 싶었다.

하린 님께 이런 상황을 하소연하니 '거봐요, 버티면 된다고 제가 그랬잖아요! 축하드려요!'라는 답변을 해주셨다. 축하받으려고 보낸 메일은 아니었는데, 하린 님이 너무 자기 일처럼 기뻐해 주셔서 왠지 머쓱하면서도 뿌듯했다.

번역가가 되기로 마음먹고, 업계에 발을 들여놓기 위해서 고군분투하고, 처음 의뢰를 받기 시작하며 허둥지둥거리고, 일이 뚝 끊긴 기간을 불안한 마음으로 버티고, 다시 일을 받아 바쁘게 일하는 이 일련의 과정을 거치고 난 후, 종종 예전에 일했던 편의점이 생각났다.

그 편의점은 매출 편차가 심해서 어느 날은 장사가 잘되는가 하면, 또 어느 날은 아르바이트생 시급도 나오지 않을 정도로 매출이 죽을 쑤곤 했었다. 한동안 매출이 나쁜 시기가 이어져 점장님께 걱정의 말을 건넸더니, 점장님이 이렇게 말씀하셨다.

"장사가 되는 날도 있고 안 되는 날도 있는 거지 뭐. 길게 보고 꾸준히 가야지 일희일비하면 안 돼."

일희일비하지 않는 것. 그때 점장님이 하신 말씀이 프리랜서 번역가인 나에게 꼭 맞는 조언이라는 생각이 들었다.

프리랜서 번역가도 나의 번역을 파는 자영업자나 다름없다. 찾는 사람이 없다고 조급해하며 장사를 접기보다는, 언젠가, 누군가는 찾아줄 것이라는 믿음으로 번역 스킬을 다듬거나, 오지 않으면 오게 하겠다는 마음으로 적극적인 홍보를 하는 뚝심이 필요하다.

프리랜서 번역가가 되는 건 쉽지만은 않다. 진입 정보가 부족하기도 하거니와, 발을 들인 후에도 모르는 것을 질문할 곳도 없고 언제 어려운 시기가 찾아올지 모르기 때문이다.

하린 님께 조언을 받기 시작했을 때, 자신의 도움을 받고 성공적으로 번역가가 된다면 그때의 나와 비슷한 처지에 놓인 다른 사람을 도와주라고 말씀하셨는데 꼭 그렇게 하고 싶다.

앞으로도 어려운 시기는 또 찾아올 것이다. 베테랑 번역가인 하린 님도 일이 끊기는 시기가 꾸준히 온다고 했으니까. 하지만 지난 몇 달간 나도 조금 단단해진 것인지, 그때는 전보다 더 잘 버틸 수 있다는 자신감이 들었다.

그래서인지 전에는 내가 번역가라고 말하기 부끄러웠지만, 지금은 당당하게 말할 수 있을 것 같았다. 하지만 아직도 배워야 할 것이 많으니, 하린 님께 감사 인사를 올리고 하산하는 것은 조금 뒤로 미루기로 했다.

이런저런 잡생각을 끝낸 후 가볍게 기지개를 켜고 긴급의뢰로 들어온 번역 파일을 열었다. 그래, 일할 수 있을 때 열심히 일해둬야지. 힘내자!

에필로그 하린 이야기

롱런하는 번역가가 되기 위해

오늘도 집에서 혼자 전쟁을 치르고 있다. 번역 납품 일정이 빡빡해서 시간을 잘 쪼개어 바쁘게 일해야 하는 요즘이다.

늘 이렇게 바쁜 것은 아니다. 프리랜서다 보니 한가할 때는 정말 한가하고, 이대로 백수가 되어버리는 거 아닌가 하는 생각도 든다. 하지만 몇 년 동안 그 부침을 겪고 나니 이제는 그러려니 하며 버틸 수 있는 여유가 살짝 생겼다.

최근 몇 달, 김미영 님에게 조언을 드렸다.

미영 님은 내 블로그를 보고 메일을 보내온 분이었다.

다른 번역가 지망생들도 도와주곤 했지만, 유난히도 적극적으로 질문하는 모습이 인상 깊어 나도 모르게 더 많은 도움을 주고 말았다.

미영 님이 보내오는 질문들을 읽으면서 옛날의 내 생각이 났다. 지금 생각하면 답이 너무 뻔한 질문들이지만 나도 이런 걸 예전에 궁금해했었지…. 그때 조언해주는 누군가가 내 곁에 있었더라면 나도 조금 더 쉽게 일할 수 있지 않았을까?

산업 번역은 어떻게 보면 쉬운 일이고 어떻게 보면 어려운 일이다. 외국어 실력이 있어야 하는 건 맞지만 외국어 실력만 있어서는 안 된다. 한국어 실력도 있어야 하고, 적극성도 있어야 한다.

꼼꼼함과 성실함, 강한 책임감과 시간 약속을 잘 지키는 마음가짐도 필요하다. 처음에는 어렵겠지만 외국어를 한국어로 잘 변환할 수 있는 능력도 꾸준히 성장시켜야 한다.

어떻게 보면 참 요구되는 능력이 많다고도 할 수 있다.

하지만 잘 생각해보면 다른 일들도 이 정도는 요구하지 않을까 싶다. 외국어가 아니더라도 어떤 일을 제대로 하려면 대부분의 경우 어느 정도의 기술이나 지식을 습득해야 한다.

여행 가이드를 하려면 그 나라의 특색이나 관광지, 숙소 정보에 정통하고 있어야 하는 것처럼 말이다. 어떤 일이든 처음에는 지식이 얕은 상태로 시작하지만 점점 더 지식과 기술을 키워나간다.

아무리 번역가에 관해서 알리는 책을 썼다고는 하지만, 나도 아무한테나 번역을 권하진 않는다. 위의 능력이 갖춰진 사람들이 도전해야 성공할 확률이 높으며, 잘 맞지 않는 사람들도 분명히 있기 때문이다.

그런데도 내가 미영 님이 성공적으로 번역가가 될 거라고 생각한 이유는 명확하다. 나는 미영 님이 성실함과 적극성을 가지고 있으며 시간 약속을 잘 지키는 사람이라고 느꼈다. 한 번도 만나보지 않았는데 말이다.

내가 미영 님이 산업 번역가로서 소질이 있다고 느낀 이유는 더 구체적으로 다음과 같다.

일단 미영 님은 수신확인이 꽤 빠른 편이었다. 일부러 미영 님의 메일을 수신확인 체크한 건 아니었다. 다른 일로 수신확인을 체크해야 할 일이 있었는데, 미영 님의 메일을 확인해보니 대부분 그날 안에 수신확인을 했다는 걸 깨달았다. 늘 메일을 체크하고 있었다.

그리고 질문하기를 꺼리지 않았다. 자신에게 필요한 정보를 얻기 위해 노력하는 모습이 느껴졌다. 이러한 모습에서 미영 님이 적극성이 있는 사람이라고 판단했다.

내가 이야기한 조언을 계속 적용해나가는 모습도 보여주었다. 내 조언을 자신의 것으로 만들 줄 아는 사람이라고 느꼈다. 이 밖에도 메일을 통해 미영 님은 다양한 모습을 보여주었다. 미영 님이 의도하지 않았을지도 모르지만 말이다.

미영 님의 메일을 읽고 답장을 하며 성장을 지켜보는 일은 꽤 뿌듯했다. 번역일이 바쁠 때는 답장하기 좀 곤란하기도 했지만, 그래도 미영 님이 앞으로 나아가는 모습을 보며 보람을 느꼈다. 미영 님은 이제 혼자서도 잘 해나갈 것이다.

미영 님을 보며 나도 자극을 많이 받았다. 매너리즘에 살짝 빠져있었는데, 번역에 대한 의욕을 다시 불태우는 계기가 되었다. 산업 번역 프리랜서는 연차가 많든 적든 방심할 수 없으니, 나도 다시 박차를 가해야겠다.

미영 님처럼 번역가가 되고 싶은 분들이 번역가 진로 상담 및 교육을 받을 수 있는 곳으로는 '한국산업번역교육' 등 다양한 번역 관련 교육 기관이 있으니 혼자서 고민하기 보다는 잘 이용하고 도움을 받으면 좋다.

앞으로도 롱런하며 번역하는 프리랜서가 되기 위해 더욱
힘을 낼 것이다. 그리고 프리랜서 번역가가 되고 싶은 사람들
에게 도움을 줄 수 있는 일들을 더 찾아보며 번역가라는 직업
을 앞으로도 계속 연구해나가고 싶다.

베테랑 산업 번역가에게 1:1 맞춤 코칭 받기

초보 프리랜서 번역가 일기

초판 1쇄 발행 2020년 3월 10일

초판 2쇄 발행 2021년 3월 10일

지 은 이   김민주 박현아

펴 낸 이   최수진

펴 낸 곳   세나북스

출 판 등 록   2015년 2월 10일 제300-2015-10호.

주   소   서울시 종로구 통일로 18길 9

홈 페 이 지   http://blog.naver.com/banny74

이 메 일   banny74@naver.com

전 화 번 호   02-737-6290

팩   스   02-6442-5438

I S B N   979-11-87316-60-2 13700